인생을 바꾸는
듣는 법 말하는 법

인생을 바꾸는 듣는 법 말하는 법

초판 1쇄 인쇄 **2023년 9월 1일** 초판 1쇄 발행 **2023년 9월 10일**

지은이 **아가와 사와코, 사이토 다카시** 옮긴이 **황미숙**

펴낸이 **박찬근** 펴낸곳 **(주) 다연**

주소 **경기도 고양시 덕양구 삼원로 73 한일윈스타 1422호**

전화 **031-811-6789** 팩스 **0504-251-7259** 메일 **judayeonbook@naver.com**

본문 **미토스** 표지 ⑯

© (주)다연

ISBN 979-11-92556-13-0 (03320)

* 잘못 만들어진 책은 구입처에서 교환 가능합니다.

인생을 바꾸는
듣는 법
말하는 법

아가와 사와코·사이토 다카시 지음 | 황미숙 옮김

(주)다연
DAYEONBOOK

대화력을 갈고닦아 즐거운 인생을 보내자

'회화'와 '대화'는 비슷한 뜻으로 쓰이곤 한다. 하지만 나는 대화는 회화보다 창의적인 것이라고 생각한다. 대화란 영어로 '다이얼로그'라고 하듯이 변증법적으로 발전하는 것이라고 보기 때문이다.

플라톤이 소크라테스의 말과 행동에 대해 적은 《대화편》이라는 일련의 작품이, 내가 보기에 바로 대화의 원형인 듯하다. 어떤 주제에 대해 소크라테스가 누군가에게 질문을 한다. 질문을 받은 상대는 자신이 생각하는 바를 답한다. 그 답을 듣고 소크라테스가 다시 질문을 하고, 상대도 다시 답한다. 그러한 응답을 거듭한 끝에 결국 '깨달음'이 찾아온다. '나는 정의에 대해 알고 있다고 생각했지만, 어쩌면 알지 못하는 것일 수도 있다'라고 깨달은 순간, 거기서 새로운 지평이 열린다. 나는 그러한 지적 쾌감이 뒤따르는 것이 대화라고 생각한다.

대화에 대해 품어온 또 하나의 이미지는, 대화가 구기 종목 같은 팀 스포츠와 닮았다는 것이다. 회의나 미팅 등에서 참여자들이 대화를 주고받음으로써 같은 목표를 지향하는 팀원으로서 협력하고 목표를 이뤄내는 점이 스포츠와 같다. 이때는 일반적인 회화력이나 잡담력보다도 한 단계 상위에 자리하는 '대화력(對話力)'이 필요하다.

아이가 아닌 어른이 대화를 통해 새로운 의견이나 아이디어를 만들어내고자 한다면 그저 하고 싶은 말을 주고받는 것으로는 부족하다. 그것만으로는 자리의 분위기가 살벌해지거나 인간관계가 삐걱거릴 위험이 있다.

어른인 이상 인간의 감정적인 면도 배려하면서 부드럽게 논의를 진행해야 한다.

그러려면 다양한 방법이 있겠지만, 이 책에서는 그중 하나로 '~라고 해서 말인데' 방식을 제안하고 있다. 이 '~'에 들어가는 것은 상대방의 말속에 있으면서도 내가 하고 싶은 말로 이어질 법한 말이다. 그 말을 찾아내고 단서로 삼아 자신의 의견을 펼치는 것이 '~라고 해서 말인데' 방식이다.

이 방식을 이용하면 결과적으로 상대방의 말을 부정하게 되더라도 상대방에게 실례가 아니며, 자신이 하고 싶은 이야기를 할 수가 있다. 이 책에서는 이를 대화의 기본형으로 삼고 있다. 어떤 스포츠든 기본적인 기술이 있는데, 대화에서의 '~라고 해서 말인데' 방식은 갈고닦을수록 대화력이 향상되는 기본기다.

이번에 '대화력'을 주제로 아가와 씨와 함께 책을 내게 되었다. 아가와 씨는 에세이스트이자 주간지 등에서 인터뷰어로 빛나는 실적을 갖고 있으며, 이에 더해 방송 MC로서도 개성적인 게스트를 상대로 멋진 프로그램을 선보였다. 아가와 씨와 이야기하면서 대화력이란 무엇인지, 대화력을 키우기 위해서 어떻게 생각하고 연습하면 좋을지 가급적 구체적으로 제시하고자 했다.

이 책을 읽으면 지금까지 자신이 진정한 의미의 대화를 해오지 못했을 수도 있다거나 혹은 최근의 SNS 중심의 생활 속에서 대화할 시간조차 갖지 못했다고 느끼는 분도 있을 것이다.

소설가이자 평론가인 사카구치 안고는 '연애는 인생의 꽃이다'라고 말했다. 나는 '대화는 인생의 꽃'이라고 생각한다. 동료나 친구와 함께 꽃피우는 대화야말로 인생의 기뺨이다. 그러니 온라인 등의 확장으로 얼굴과 얼굴을 마주하고 대화할 일이 줄어들면 인생의 기쁨도 줄어들 우려가 있다.

대화를 통해서만 얻을 수 있는 기쁨이 있다. 지금은 혼자서도 지낼 수 있는 사회가 되었지만 대화야말로 인생의 귀중한 축제와 같은 시간이다. 축제에 빠질 수 없는 것이 바로 즐거운 분위기다. 즐거운 분위기에서 이루어져야 진정한 대화다.

부디 대화력을 연마하여 인생을 즐겁고 풍성하게 보내기를 바란다.

사이토

목차

dialogue

Chapter 2 대화를 심화시키다

Chapter 3 대화를 연마하다

서장 |
대화를 둘러싸고

❶ '말을 잘 못해서'라는 말로
끝나지 않아

'낯을 가리는 성격 탓에 말을 잘 못한다?
_ 아가와

요즘 '남들과 이야기하는 것이 어렵다'는 젊은이들이 적지 않다. 그 이유를 물어보니 '낯을 가려서 말이 잘 안 나온다', '부끄럼을 타서 말을 잘 못하겠다'라고 한다. 하지만 정말로 그런지 의문스러울 때가 있다. 낯을 많이 가리거나 부끄럼을 타는 사람이라는 말을 하나의 무기로 쓰는 것처럼 느껴지기 때문이다.

일단 그렇게 선언하고 나면 대화의 자리에서 침묵하고 있어도 '이 사람은 낯을 많이 가리니 어쩔 수 없어' 하고 주위에서 용인해줄 거라는 마음이 자리하고 있지는 않을까. 언뜻 고상하게 보일지도 모르지만, 결국은 가능하면 자신이 말을 하지 않아도 되도록 방어하고 있는 것 같다.

　나도 본래 낯을 가리는 성격이다. 그토록 많은 사람을 인터뷰했으면서 이제 와서 무슨 소리냐고 할 수 있지만, 사실은 잘 모르는 사람 앞에서는 많이 긴장하는 타입이다. 그래서 나도 모르게 쑥스러운 나머지 오히려 말을 많이 해버릴 때도 있다. 하지만 언제까지고 부끄럽다며 꽁무니를 뺀다면 일이 되지 않으니 인터뷰할 때는 매번 스스로를 고무시켜 쑥스러움을 극복해가면서 오늘에 이르렀다.

　나처럼 인터뷰를 생업으로 삼지는 않더라도 어른이 되어 사회에 발을 들이면, 혹은 학생일 때도 타인과 교류하지 않으면 살아가지 못한다. 가만히 입을 다물고 있기만 해도 월급을 받을 수 있다거나 친구가 생긴다면야 그보다 더 편할 수는 없겠지만 세상은 그리 녹록지 않다. 부모가 따라다니며 돌봐주던 나이를 거쳐 홀로 사회 속으로 들어가고 나면 언제까지나 낯을 가린다거나 부끄럼을 많이 탄다는 이유를 들어 남에게 응석을 부릴 수만은 없다.

　이렇게 말해도 어려운 것을 어쩌란 말이냐는 목소리가 들리는 듯하다. 하지만 만약 자신이 '나는 못해'라고 계속 주장한다면 그 일은 결국 다른 누군가의 부담으로 돌아간다.

　우리 집은 아버지가 자녀들에게 엄했기 때문에 지시를 못 따른다고 대답하는 것이 허용되지 않았다. '엄마 도와서 식사 준비해라!', '정원 감나무에서 감 좀 따 와라', 때로는

'학교를 쉬고 아버지 일을 도와라'라는 말을 듣기도 했다. 이건 너무하다 싶어서 안 하겠다고 거부했더니, "너는 열이 나면 학교를 쉴 거잖니. 열이 났다고 생각하고 학교 쉬어라"라고 말씀하셨다. 정말 대단하지 않은가.

벌레가 나오면 엄마나 내가 처리를 해야 했고, 이사를 할 때의 짐 정리나 무거운 물건을 옮기는 일도 대체로 여자의 일로 여겨졌다. 그런데 내가 싫다고 하면 엄마가 혼자 해야 하니, 싫어도 돕지 않을 수 없었다. 그런 일을 겪던 어느 순간, 나는 마음을 다시 먹었다. '그래, 해보자' 하고 말이다.

물론 해도 안되는 일은 있다. 해보니 자신과는 안 맞을 때도 있다. 하지만 해보지도 않고서 못한다며 피하는 것은 그저 응석과 도피가 아닐까?

한계를 정하지 말고 일단은 해보자
_사이토

아가와 씨의 말대로 해보지도 않고 처음부터 못한다며 예방선을 긋고 도망친다면 아무리 시간이 흘러도 대화에 대한 자신감을 기르기란 어렵다. 설령 서툴러도 용기를 내어 일단은 시도해보아야 한다. 노력해도 안된다면 어쩔 수 없다.

《논어》에 '지금 너는 선을 긋고 있다'라는 말이 나온다.

공자의 가르침을 받은 제자가 "선생님의 말씀은 이상적이고 훌륭하지만, 저는 이것이 한계"라고 말한 데 대한 공자의 대답이다. '선을 긋는다'는 것은 스스로 하지 못한다고 한계를 정하는 것이다. "너는 아직 해보지도 않았는데 스스로 못한다고 한계를 정해버리는 것이 아니냐. 그래서는 안 된다"며 제자를 엄히 경계한 것이다.

나도 텔레비전 프로그램에서 갑자기 노래를 부르라거나 만담을 하라는 등 당황스러운 요청을 받을 때가 있는데, 이미 카메라가 돌아가는 상황이라 부끄럽다고 뺄 수도 없다. 할 수 있다, 못한다가 아니라 할 수밖에 없는 것이다.

한 번은 내 수업에서 영어 교사를 지망하는 학생들에게 인기 개그맨의 유행어를 영어로 해보라고 하니, 다들 동요하면서도 도전해주었다. 그다음 수업에서 그날의 소감을 물어보니 "그걸 하고 나니 더 이상 망가지는 것이 두렵지 않아요. 그날 이후로 많은 것이 편해졌습니다"라는 대답이 돌아왔다. 어느 선을 넘기 위해 열심히 애써보면 적어도 처음부터 못하겠다고 포기하는 상황은 없어지지 않을까?

실패하고 싶지 않은 마음이 너무 강해
_아가와

'실패하고 싶지 않다', '창피를 당하고 싶지 않다', '상처 받기 싫다'는 마음을 모르는 바는 아니다. 그렇지만 실패가 그렇게 무서운가? 물론 실패하면 슬프고, 부모나 상사의 질책을 들을 테니 싫고, 무엇보다 스스로 위축된다. 하지만 실패 후 시간이 조금 지나면 그때 실패해두길 잘했다고 생각하게 될 일들이 많다. 화산과 마찬가지여서 대분화가 일어나기 전의 작은 분화라고 할 만한 소소한 실패를 해두면 큰 실패를 겪지 않고 지나갈 듯한 기분이 드는 것이다.

사이토 선생은 대학에서 젊은이들을 접할 기회가 많을 텐데, 혹시 실패나 상처받는 것을 극도로 두려워하는 친구들이 많은가?

옛날부터 남들 앞에서 말하는 것이 어려웠던 사람들
_사이토

그건 그렇다. 우리 생각보다 더, 지금 젊은이들은 부끄럼을 많이 타는 듯하다. 대화도 그렇고 사람과 사람의 접촉에 대해 선뜻 다가서지 않는 면이 있다. 능청스럽게 말을 거는 것을 쑥스럽게 여기는 마음이 강한 것 같다.

그런 경향을 보여주는 데이터도 있다. 2022년 6월 일본

내각부가 발표한 〈남녀공동참가백서〉에 따르면 20대 독신 남성의 40퍼센트가 데이트를 해본 적이 없다고 한다. 이것만으로 다 그렇다고 단정하기는 어렵지만, 요즘처럼 커플 매칭 앱이나 SNS가 보급되어 있는데도 이런 결과가 나온다는 것은 아마도 데이트에 실패하고 싶지 않고, 상처받고 싶지 않은 사람이 많아서가 아닐까.

그런데 이것은 지금의 젊은이에게만 국한되는 것이 아니다. 이전에도 우리는 잘 모르는 사람에게 표현하는 것을 어려워했다는 기록이 있다. 특히 공식석상에서 연설을 하거나 스피치하는 것을 어려워하는데, 계몽가이자 교육가인 후쿠자와 유키치는 그러면 안 된다며 게이오기주쿠대학 내에 스피치 실습을 하는 장소를 만들었다. 영어인 '스피치'를 '연설'이라는 말로 번역한 것도 후쿠자와라고 한다.

사람들은 남들 앞에서 말하기를 어려워하지만 적어도 후쿠자와 유키치는 이를 극복하고자 했다. 요즘은 프레젠테이션의 기회도 늘었으니 대중 앞에서 말하는 능력의 중요성은 더 커졌다.

② '대화력'이
　　요구되는 시대

대화를 통해 고객의 니즈를 파악하다

_사이토

　요즘은 의사에게도 커뮤니케이션 능력이 상당히 중요하다. 의사라고 하면 과거에는 대단히 우러러보는 존재여서 다소 건방져도 나름의 권위가 있었다. 하지만 최근에는 의료가 서비스 산업의 요소가 강해져서 인폼드 콘센트(informed consent, 설명과 동의)라는 말로 상징되듯이 환자에게 정성껏 설명하지 못하거나 무뚝뚝하면 병원에 대한 평판이 순식간에 떨어진다.

　의사나 간호사 혹은 변호사도 마찬가지인데 환자나 상담자는 기본적으로 '고객'이라 불리는 존재다. 일반화해보면, 어떤 일이든 고객이 있어야 성립된다. 그 고객의 니즈에 부응하는 것이 일이며, 그러기 위해서는 대화가 반드시 필요하다.

예전에 크리에이티브 디렉터 사토 가시와 씨와 대담할 기회가 있었다. 사토 씨는 기업의 로고를 만들거나 제품을 디자인하는데, 일을 의뢰받았을 때는 일단 고객의 이야기를 그저 경청하기 위해 노력한다고 한다. 즉, 대화를 통해 고객이 무엇을 원하는지 분명히 파악한 후에 아이디어나 플랜을 제안한다는 것이다.

왜 그토록 대화나 경청을 중시하는지 말하기를, 과거에 자신이 좋다고 생각한 아이디어를 제안했는데 고객은 전혀 다른 것을 원했다는 경험을 말해주었다. 자신이 좋다고 생각해도 고객이 아니라고 하면 끝이다. 그 제안은 소용이 없어진다. 그래서 우선은 고객과 차분히 대화를 주고받으며 상대가 원하는 바를 정확히 알아내고자 애쓴다고 했다.

물론 고객도 자신들이 바라는 바가 명확하다는 보장은 없다. 외부 디자이너나 크리에이터와 대화를 하면서 원하는 이미지가 구체적으로 그려지는 경우도 있다.

의료관계자도 커뮤니케이션 때문에 고민해
_ 아가와

어느 분야에서 일하든 결국은 상대방의 이야기를 잘 들

지 않으면 일이 잘 풀리지 않는다. 《듣는 힘》 출판 후 강연 요청이 갑자기 늘었다. 그중에는 간호사나 의사 모임 등 의료관계 단체에서 오는 의뢰도 많다. 의뢰 내용은 대부분 비슷한데, 예를 들면 '우리 의료종사자는 의학적인 지식이나 기술이 뛰어나야 함은 물론이고 우선은 환자의 이야기를 잘 들어야만 일이 된다. 그래서 아가와 씨께 듣는 힘에 관한 강연을 부탁드린다'는 것이다. 그밖에도 변호사나 회사 영업직군 모임 등 다양한 분야에서 의뢰가 들어온다. 다들 잘 듣기 위해 고민하고 노력하는구나 싶어서 놀라기도 한다.

대부분의 사람은 대화를 연습한 적이 없어
_사이토

어느 집단이든 커뮤니케이션에 대한 고민은 정말로 크다. 대화에 관한 문제의 대부분은 서로 주고받기식의 캐치볼이 잘 되고 있는지가 그 근본에 있다. 자신만 일방적으로 말할 뿐, 상대방의 말을 듣지 않아 대화를 발전시키지 못하는 경우가 많다. 혹은 남의 이야기를 듣기만 하고, 자신은 거의 말하지 않는 사람도 있다. 만약 데이트에서 그렇게 한다면 대화가 이루어지지 않으니 다음 데이트 약속을 이루기 어렵다. 예의상으로라도 일단은 상대방의 이야기를 듣고 자신의 말로 연결할 수 있다면 적어도 그 자리의 대화는 원만히 진행된다.

대화란 탁구나 테니스와 비슷하다. 탁구를 해본 적 없는 사람에게 갑자기 랠리를 하라고 요구한들 불가능하다. 랠리를 하려면 최소한의 기술을 익혀야 한다. 대화도 마찬가지여서 기본적인 것을 배우거나 연습하지 않으면 당장 능숙해지지는 않는다. 누구라도 대화나 커뮤니케이션은 가능하다고 생각할지 모르지만, 역시 기본적인 것을 배우지 않으면 좀처럼 쉽지 않은 법이다.

예를 들면 사람들은 대개 '커뮤니케이션 클럽'에 가입해 본 적이 없다. 만약 커뮤니케이션 클럽이라는 동아리 활동이 있다면 자기 혼자서만 오래 말하지 않기라거나, 다른 사람의 이야기를 듣고 다음 전개로 이어가기 등을 가장 먼저 연습하게 할 것이다.

내 수업에서는 학생에게 15초 동안 자신의 이야기를 요약해 말하도록 하는데, '요약력'을 키우는 연습의 일환이다. 아마도 대부분의 사람은 그런 연습을 한 적이 없을 것이다. 그런 훈련을 계속하다 보면 말하는 재능이 뛰어나지 않은 사람도 어느 정도의 대화는 가능해진다. 우선은 그런 연습을 해보는 것이 효과적이다.

❸ 대화력을 키우려면
훈련이 필요해

대화 외의 것에 시간과 에너지를 빼앗기다
_사이토

나는 중학생 때부터 대학원을 졸업한 30세 무렵까지 거의 매일 대화 훈련을 했다. 상대는 바로 중학교 때의 동급생이다. 대학생 때도 그 친구와 같은 동네에 살았기 때문에 거의 매일 만났는데, 어떨 때는 하루에 서너 시간씩 대화를 나누었다.

매일 그렇게 할 이야기가 있을까 싶겠지만, 말하려고 하면 할 이야기는 끝도 없다. 둘 다 지적 향상심이 있는 편이라 이를 채우기 위한 훈련으로 대화를 계속했다.

탁구도 아무 생각 없이 하면 10년이 지나도 기술이 늘지 않는다. 진심으로 잘하고 싶다고 생각한다면 탁구 클럽에 들어가서 철저히 훈련해야 한다. 이와 마찬가지로 대화력을 키우려면 나름의 훈련이 필요하다.

이처럼 대화의 훈련에는 노력이 드는데 요즘은 SNS나 채팅 앱 등에 신경을 빼앗긴 나머지 훈련을 위한 에너지가 새는 듯하다. 채팅을 주고받으면서 하루가 가버리니 사람과 대화할 여력이나 기력이 남지 않는다. 그중 1시간만이라도 무언가 주제를 정해서 향상심 있는 상대와 대화하는 데 써보면 어떨까? 그것이 대화력을 향상시키는 좋은 훈련이 될 것이다.

자신과 다른 세계의 인물과 대화하기
_아가와

대화력을 키우기 위한 훈련 중 하나로 어떤 사람을 만나고 교류하며 대화할 것인지도 중요한 요소라 생각한다. 같은 학교 출신이나 마음이 맞는 사람들하고만 어울리는 경우를 종종 본다. 물론 마음이 편하고 좋겠지만, 그것만으로는 대화의 내용이나 폭이 넓어지지 않는다. 늘 정해진 마음 편한 대화만 반복하니 생각지 못한 발상이나 깨달음을 얻기 어렵다.

나는 인터뷰를 하는 직업상 다행히도 다양한 분야의 사람들과 만날 기회가 있다. 나와는 전혀 다른 세계에서 살아가는 사람들의 이야기를 들으면 놀랄 일이 가득하다. 직종뿐만 아니라 태어난 환경이나 생애, 사고관이 다른 이들과 대화를 하면 내가 얼마나 좁은 세계에서 살고 있었는지를 새삼 깨닫는다. 또한 대화의 내용이 저절로 넓어진다고 여겨지는데, 이것이 대화력 향상으로 이어지지 않을까 싶다.

대화에서 얻는 깨달음과 발견
_ 사이토

자신과 다른 분야의 사람과 대화를 나누는 일은 무척 자극이 된다. 그리고 대화력을 키우고 싶다면 역시 대화력이 뛰어난 사람과 실제로 대화하는 기회를 늘리는 것이 효과적이다. 나는 테니스나 격투기 등의 스포츠를 해왔는데 나보다 잘하는 사람, 강한 사람과 함께하기만 해도 실력이 좋아진다는 것을 경험으로 알고 있다.

대부분의 사람은 스포츠를 연습하듯이 대화를 연습하지 않는다. 이는 대화를 제대로 배운 적이 없다는 뜻이다. 대학에 입학했을 때 많은 학생이 대화가 무엇인지도 잘 모르는 상태다. 그래서 나는 우선 대화란 무언가를 만들어내는 것, 새로운 의미와 가치를 생성하는 일이라고 가르친다.

그러려면 자신만 말해서는 안 되고 서로 이야기를 나누며 창조적인 관계성을 구축해야 한다. 이때 꼭 필요한 것은 텍스트를 공유하는 일이다. 여기서 말하는 텍스트란 교과서가 아니다. 이야기할 소재를 뜻한다. 소재를 공유하지 않으면 애당초 대화가 되지 않는다.

텍스트를 공유한 후 대화를 계속하다 보면 깨달음과 발견이 생긴다. 대화에는 깨달음과 발견이 있다. 서로 아는 정보를 알려주는 정보교환도 의미가 있지만, 이를 대화라고 부르지는 않는다. 이야기를 통해 지적인 발견이나 깨달음이 생기는 것이 바로 대화라고 부르기에 어울리는 커뮤니케이션이다.

Chapter 1
대화를 시작하다

① 받아주는 사람이 없으면
대화는 성립하지 않는다

태양도 비출 상대가 없으면 행복하지 않아

_ 사이토

학생들을 상대로 하는 수업은 나에게 일이기도 하지만 즐거움을 준다. 그래서인지 나는 여름방학, 겨울방학처럼 긴 휴가가 있으면 오히려 몸 상태가 안 좋아진다. 이야기를 나누고 싶은데 그럴 상대가 없기 때문이다. 내가 월요일 오전에 수업을 잡는 이유는 주말 동안에 쌓인 이야기를 조금이라도 빨리 학생들에게 전하고 싶어서다.

니체는《자라투스트라는 이렇게 말했다》의 서두에서 '태양도 비출 상대가 없으면 행복하지 않다'고 썼다. 또 많은 꿀을 모은 꿀벌처럼 자기 속에 지혜가 가득해도 이를 보내고 나누려면 그것을 원하는 많은 사람이 있어야 한다고 했다. 즉, 자신의 지혜를 받아줄 상대가 필요하다는 말이다.

대화도 받아주는 사람이 없으면 성립하지 않는다. 듣는 사람이 있고 그가 말하는 사람의 이야기를 재미있게 받아주어야 신이 나서 말할 수 있다. 듣는 사람의 반응이 좋지 않으면 말하는 사람 역시 재미가 덜한 것은 당연하다.

다른 사람의 이야기를 들으면 얻게 되는 발견의 기쁨
_아가와

《듣는 힘》이라는 책을 써서 그런지 내가 다른 사람의 이야기를 듣는 데 능하다고 여기는 듯한데, 사실은 그렇지 못하다. 오히려 가만두면 혼자서 떠드는 성격이라 업무상 다른 사람의 이야기를 들을 때는 되도록 내가 말을 적게 하려고 신경을 쓰는 쪽이다.

실제로 오랜 시간 가만히 누군가의 이야기를 들으려면 노력이 필요하다. 잠시라도 마음이 풀어지면 딴생각을 하거나 이야기를 놓치기도 한다. 상대방의 이야기가 머릿속에 전혀 들어오지 않거나 재미가 없다고 느낄 때조차 있다.

그런데도 이야기를 듣는 것은 상대방의 이야기를 듣는 동안 마음 한구석에 담아두었던 기억이 갑자기 되살아나거나 자극을 받아 새로운 발견을 하기 때문이다. 혼자서는 도저히 깨달을 수 없었을 것이 눈에 보이기도 한다. 상대의 이야기에서 내 생각이나 고민거리와의 공통점을 찾아내고는 힘을 얻는 경우도 있을 것이다.

무엇보다 아무리 비슷하다고 생각하거나 공감해도 타인과 완전히 같은 경험을 하기란 엄밀히 말해서 불가능하다. 완전히 같은 마음일 수는 없다.

때때로 상대의 이야기를 들으면서 "그래 맞아! 알지 알아" 하고 외치고 싶을 만큼 공감이 될 때도 있다. 하지만 나는 가급적 그 말을 하지 않으려고 주의한다. 상대방의 마음을 그리 쉽게 이해할 수는 없다고 여기기 때문이다.

상대방이 상당히 괴로워하는 상황에서 "네 마음 잘 알아" 하고 쉽게 말해버리면, 설령 그것이 위로하려는 뜻이었다고 해도 상대로서는 '그렇게 쉽게 내 마음을 이해할 리가 없어'라는 마음이 들지도 모른다. 그래서 나는 이해한다는 말 대신에 그가 이야기한 내용이나 생각과 비슷한 경험을 한 적이 없었는지 머릿속에서 찾고 찾아서 되도록 상대방의 마음에 다가서려고 한다.

예컨대 "남편이 죽고 몇 년 동안은 뭘 하려고 해도 겁이 나고 살아갈 힘이 없었어요"라고 이야기하는 여성에게 남편을 잃은 경험도 없는 내가 "이해해요. 그 마음 알아요"라고 말하는 것은 주제넘게 느껴진다. 하지만 너무나도 친했던 이성 친구가 세상을 떠났을 때 정말 큰 상처를 받았던 경험이 있다. 외로움에 몸부림치며 한숨만 쉬었던 기억이 난다. 친구가 죽어도 이토록 슬픈데 가장 사랑하는 존재를 떠나보낸 사람은 얼마나 고통스러울지 상상이 된다. 그리고 어떻게 지금처럼 살아갈 힘을 되찾을 수 있었는지도 궁금해진다. 나라면 일을 그만두었을지도 모르겠다. 집에 틀어박혀서 누워만 지냈을 수도 있다. 이분은 어떻게 견뎌낸 것일까 하고 내 마음에 비추어 다가간다. 상대방과 완전히 같은 마음이나 생각을 가지는 것은 불가능해도, 상대방의 이야기를 듣고 비슷한 마음을 느낄 수는 있다. 이것이 타인의 이야기를 듣는 중요한 요소 중 하나라고 생각한다.

자신과 무언가를 연결 짓는 인용력
_ 사이토

'공감'은 중요하다. 더불어 내 안에 무언가 '촉발'되는 것이 있으면 재미가 있다. '촉발하다'라는 말은 영어로 '인스파이어(inspire)'라고 하는데 인스파이어되어 나온 것이 '인스피레이션'이다. '인스파이어'는 본래 '영감을 불어넣는다'는 의미다. 타인과의 대화를 통해 인스파이어되어 내 안에 어떤 깨달음이 생긴다면, 이야기를 듣는 수동적인 행위도 자극을 받아 무언가가 생겨난다면 그것은 무척이나 능동적인 행위라고 할 수 있다.

나는 종종 학생들에게 수업의 일환으로 무언가를 읽고

자기 안에서 비슷한 경험을 꺼내는 연습을 시킨다. 가령 《논어》를 읽고 그중에서 마음에 드는 문장을 열 개 고르게 한 후, 그것과 자신이 지금까지 경험한 일 중에서 비슷한 에피소드를 생각해 이야기해보도록 하는 것이다.

그것이 '의를 보고도 행하지 않는 것은 용기가 없는 것이다'라는 문장이라면, 동아리 활동 중에 따돌림을 당하는 친구가 있었는데 자신이 아무런 도움이 되어주지 못했다는 자기 경험과 함께 《논어》의 한 구절을 익히도록 한다.

이런 연습을 거듭하면 예를 들어 "좌우명이 뭔가요?"라는 질문을 받았을 때 그저 책으로 배운 문장을 답하는 것이 아니라, 자기 경험과 함께 이야기하여 상대방의 흥미를 끌어낼 수도 있다.

나는 이것을 '인용력'이라고 부른다. 무언가를 인용하면서 이야기하는 힘이라는 뜻이다. 고전을 인용해 자신의 경험과 함께 이야기할 수 있다면 그 교양은 자신의 것이다. 이처럼 평소 자신과 무언가를 연결하는 연습을 해두면 인용력이 생기고 실제 대화에서도 크게 도움이 된다.

② 눈으로 말하고 눈으로 듣는 것이
좋은 대화

눈을 통한 커뮤니케이션이 중요해
_ 아가와

사람은 몰입해서 이야기할 때 손의 움직임, 자세, 눈빛 등 신체적인 습관이 종종 나온다. 진지한 이야기를 하면서 손을 위아래로 심하게 움직이는 모습을 보면 나도 모르게 웃음이 터지기도 한다. 하지만 그 역시 표현 방법 중 하나다. 자신의 이야기를 얼마나 열심히 전달하고자 하는지 그 열의가 자연스레 전달되니 말이다.

대화는 물리적으로는 '입'과 '귀'를 사용하지만, 그에 못지않게 중요한 것이 바로 '눈'이다. 말수는 적어도 '눈'을 보면 이 대화에 흥미가 있는지 혹은 혼란스러워하는지, 긍정적인지 부정적인지를 대개는 알 수 있다. 눈동자를 계속

굴리거나 혹은 절대 움직이지 않으려는 듯 온 힘을 다해 시선을 고정하고 있는 경우 '아, 이 사람이 거짓말을 하고 있구나' 싶다. '눈은 입보다 더 많은 것을 말한다'는 것이 그야말로 이런 것이구나 싶다.

드물지만 대담을 하는 중에도 절대 눈을 맞추지 않는 사람이 있다. 아마 본인은 그 사실을 몰랐겠지만, 그런 사람은 정말로 낯을 많이 가리고 시선 맞추는 일을 어려워하는지도 모른다. 혹은 '이 사람과는 절대 눈을 맞추고 싶지 않다'는 확고한 의지의 관철인지도 모르겠다. 그런 사람과 대화할 때는 그 의도를 잘 읽고 대화를 진행해나가야 한다.

텔레비전 프로그램에서 사회를 볼 때면 나와 눈을 맞추고 싶은 듯이 목을 살짝 앞으로 빼고 있는 출연자가 있다. '아, 뭔가 말을 하고 싶구나' 싶어서 나 역시 '눈'으로 '알겠다, 다음 차례에 발언 기회를 드리겠다'는 신호를 주기도 한다. 이처럼 말뿐만 아니라 의외로 눈을 통한 커뮤니케이션도 중요하다.

하지만 대체로 우리는 상대의 얼굴을 계속 바라보면서 이야기하는 것을 어려워한다. 그렇다고 전혀 눈을 맞추지 않은 채 이야기하면 왠지 모르게 외로운 기분이 들고 대화의 분위기도 그리 살아나지 않는다. 연인처럼 뜨거운 눈빛으로 바라볼 필요는 없지만, 이야기할 때나 들을 때는 되도록 상대방의 눈을 보거나 적어도 얼굴을 바라보는 편이 상대방이 안심하고 마음을 열게 하는 길이다. 물론 내 마음도 밝아져서 말하고 듣기가 편안해지는 것은 물론이다.

상대방의 시선이 나를 향해 있으면, '아 나를 제대로 인정하고 있구나. 내 이야기에 관심을 가지고 있구나' 하고 안심하게 되는 법이다.

여성으로만 구성된 다카라즈카 가극단의 스타는 객석의 관객 한 명 한 명과 눈을 맞추듯이 무대 구석구석까지 시선을 주도록 교육받는다고 들었다. 실제로 객석에 있던 나는 '혹시 나를 특별히 신경 써주는 걸까?' 하고 착각할 만큼 반짝이는 눈으로 나를 바라보는 것을 느꼈다. 함께 간 친구들에게 그 이야기를 하니, 모두들 이렇게 말했다.

"그 주인공 틀림없이 나를 바라보고 있었어!"

누구나 '내게 특별한 시선을 보냈다'고 생각하게 만들다니, 실로 대단한 능력이 아닐 수 없다.

다카라즈카 톱스타의 눈맞춤
_사이토

정말 그렇다. 나 역시 몇 번 다카라즈카 가극을 보았는데, 무대 위의 출연자와 눈이 마주쳤다고 느낀 순간이 있다. 어느 날 다카라즈카 가극단의 톱스타였던 미즈 나츠키 씨와 대담할 기회가 있었는데, 그에게 물어보니 역시나 의식적으로 아이 콘택트를 한다고 대답했다. 그것도 멍하니 보는 것이 아니라 자기 몸에서 몇백 개, 몇천 개의 끈이 나와서 관객 한 사람 한 사람과 연결되어 있고, 자신이 그 끈을 오른쪽으로 향하게 하면 관객이 같은 방향으로 흘러가고 또 왼쪽으로 향하게 하면 그쪽으로 따라오는 느낌이라고 말했다. 다카라즈카 가극단의 스타들은 모두 한 명의 관객도 놓치지 않도록 의식적으로 그렇게 한다고 말이다.

내 수업에서도 아이 콘택트를 하면서 말하는 연습을 한다. 네 명이 한 조를 이루어, 한 명이 말하고 세 명이 앉아서 듣도록 한다. 이때 보면 대체로 앉아 있는 세 명 중 한가운데에 있는 사람만 보고, 좌우의 사람에게 시선을 주는 경우가 드물다. 그러면 처음에는 좌우에 앉은 사람도 화자의 이야기를 경청하려 하지만, 아이 콘택트를 해주지 않으니 점차 들을 마음이 사라진다. 이를 방지하기 위해 선풍기가 회전하는 것처럼 좌우의 사람들을 바라보면서 분명히 눈을 맞추고 이야기하는 연습을 하게 한다.

대학생이 교사 역할을 하는 모의수업에서는 학생 역할의 얼굴을 2초씩 응시하는 훈련을 한다. 실제 수업에서 학생은 교사를 바라보는데 교사가 학생들을 바라보지 않는다면 분명 흥미가 떨어질 것이다. 2초 정도라면 한 명씩 몇 번이든 시선을 줄 수 있다.

나는 수업이나 강연에서는 듣고 있지 않은 듯한 사람, 관심을 별로 기울이지 않는 사람에게 의식적으로 시선을 주려고 한다. 그 사람이 숙이고 있던 고개를 가끔 들어올리면 나와 눈이 마주친다. 다음에 고개를 들었을 때도 내가 바라보고 있음을 깨닫는다. 그런 식으로 이야기에 집중하지 않는 사람에게 중점적으로 시선을 주어 집중하게 만드는 것이다.

❸ 이야기하기 편한 상대로 여기게 만들려면

관심을 전달하기 위한 태도와 맞장구
_아가와

나는 대화 자리에서 상대방이 나를 대화하기에 편한 상대라고 느끼도록 '재미있어하며 들으려고' 의식적으로 노력한다. 재미없는 이야기에 억지로 재미있는 척할 필요는 없지만, 조금이라도 재미를 느끼면 즉각적으로 말로 반응하거나 웃음을 보이는 등 태도나 눈빛으로 표현하는 것은 중요하다.

특히 우리는 잘 모르는 사람 앞에서 자신의 이야기를 하는 것에 주저하는 경향이 있다. 이야기를 시작했는데 상대의 반응이 미적지근하면 '역시 내 이야기가 재미없구나', '별로 관심이 없나 보네' 하는 쓸데없는 걱정이 머리를 채

위 점점 이야기를 이어가기가 어려워진다. 그런 기분이 들기 전에 '충분히 재미있다'는 반응을 보여주면 상대방은 안심하고 말을 이어갈 수 있다.

맞장구도 그렇다. 특히 다들 말이 없고 조용한 자리에서 혼자만 길게 이야기를 하려면 누구라도 불안해진다. 그럴 때 중간중간에 '맞아요', '진짜 그렇더라', '그래서 어떻게 되었어요?' 하고 맞장구를 쳐주면 이야기에 리듬이 붙어서 즐거운 대화를 이어갈 수 있다.

옛 민요에는 대부분 이런 추임새가 들어간다. 추임새가 들어가면 전체적인 분위기도 무르익는다. 맞장구는 민요의 추임새와 비슷하다. 이야기를 하는 사람은 하나지만 혼자가 아니며 모두가 함께 이야기를 듣고 있다는, 말하자면 확인 작업 같은 것이다.

그런 맞장구를 잘 쳐주면 말하는 사람은 이야기에 리듬이 붙을 뿐만 아니라, 자신감을 갖고 말할 수 있다.

전철에 앉아서 아주머니들의 대화를 듣고 있자면 정말 재미있다.

"어제 말이지, 우리 집 양반이 어찌나 억지를 부리던지."

"뭔데 그래?"

"스마트폰을 잃어버렸다지 뭐야."

"아이구 저런!"

"그래서 내가 일단 전화를 걸어보라고 했지. 집에 있으면 벨 소리가 들릴 거고, 밖에서 잃어버렸으면 주운 사람이 전화를 받을 수도 있으니까."

"그래, 맞는 말이네."

"근데 이 양반이 싫다고 하네!"

"왜?"

"모르지 뭐. 전화를 걸었는데 누가 받으면 기분이 나쁠 것 같다나 뭐라나."

"아이고 그렇대?"

"수상하지? 내가 딱 감이 오더라고."

"감?"

"그렇지, 이상하잖아. 분명히 이상한 데 가서 잃어버리고 두고 온 걸 거야!"

"그럴 수도 있겠네."

"그렇지? 수상하지?"

"그래, 수상하다 수상해!"

나도 모르게 귀를 쫑긋 세우고 이야기를 들었다. 옆에서 맞장구를 치고 싶기도 했다. 사리 분별이 딱 맞는 이야기는 아니어도 왠지 만담을 듣는 느낌이랄까. 이런 리듬이 이야기하기 쉽게 만드는 것이구나 싶었다.

그런 의미에서는 '앵무새처럼 따라 말하기'도 효과적이다. 상대방의 이야기에서 하나의 단어를 주워서 말하는 것이다.

"지난주에 홋카이도에 갔다 왔어요."

"와, 홋카이도요?"

"홋카이도에는 맛있는 음식이 정말 많더라고요."

"맞아요, 홋카이도 음식 맛있죠."

"특히 이런 계절에는 옥수수가 별미였어요."

"아, 옥수수가 별미였구나."

이런 느낌 말이다. 단순하게 들릴지 몰라도 대화는 순조롭게 이어진다.

대충 했던 말만 따라 하면 성의가 없게 느껴질 수 있지만, 말하는 사람의 분위기에 올라타서 반응하다 보면 화자와 청자 모두 점차 대화의 호흡이 맞춰진다.

물론 자신의 리듬만을 강요하면 대화가 삐걱거리기도 한다. 나는 성격이 급한 편이라 상대방에게 질문을 했는데 대답이 바로 돌아오지 않으면, '답을 할 수가 없나?' 혹은 '대답하기 싫은가' 하는 생각에 기다리지 못하고 다음 질문을 쏟아내거나 대화의 주제를 바꾸고 싶어진다. 하지만 좀처럼 답이 나오지 않았던 이유는 적절한 대답을 위해 열심히 생각하느라 시간이 걸린 것임을 나중에야 알았다. 이후로는 반성하고 천천히 이야기하는 사람에게는 시간을 들여서 천천히, 빠르게 말하는 사람에게는 그 사람의 속도에 맞춰 이야기하려고 애쓴다.

작년에 숙모가 112세로 돌아가셨다. 숙부가 돌아가신

후 히로시마에서 오랫동안 혼자 사셨는데 97세에 몇 번인가 넘어져서 입원과 퇴원을 반복하였다. 자녀가 없어서 돌봐드릴 이도 없고 더 이상 집에서 혼자 생활하시기는 어렵다고 판단해, 숙모 병실에서 의사 선생님과 시설 입소를 위한 상담을 했다. 내가 의사 선생님과 이야기를 나누는 옆에서 숙모님이 더러 "저기", "그래도" 하고 작은 소리로 말씀을 꺼내었다. 나는 "숙모, 잠깐 기다리세요. 나중에 설명해드릴게" 하고는 의사 선생님과의 대화에 집중했는데, 갑자기 숙모가 "아이고 참 나도 말 좀 하자!"라며 역정을 냈다. 그때 알았다. '그랬구나, 숙모는 우리의 빠른 대화를 따라올 수가 없었구나. 하고 싶은 말이 있는데 이 빠른 속도의 파도에 올라타지 못해 화가 나셨던 거구나' 하고.

사람은 저마다 호흡이나 두뇌 회전, 말하는 속도나 리듬이 다르다. 자신의 리듬과 속도가 표준이라고 생각하면 상대방의 중요한 이야기를 제대로 듣지 못할 수 있다. 상대방의 이야기를 제대로 들으려면 때로는 상대방이 편안하게 여기는 리듬을 이해하고 그 속도에 맞추는 것도 중요하다는 것을 배웠다.

한 발짝 다가갔음을 전달하는 맞장구
_사이토

속도는 중요하다. 많은 사람이 이야기 도중에 맞장구 등을 통해 동조받지 못하면 말을 하는 데 불안을 느끼는 것 같다. 그만큼 자신의 이야기에 자신감이 없달까, 애초에 자아가 그리 강하지 않다.

그러니 주위 사람들이 맞장구를 쳐주면 안심하고 이야기를 이어갈 수 있다. "맞아요", "아, 그랬구나" 하고 맞장구를 치면 상대방이 내 편이고 자신에게 더 가까이 다가와 있다고 느껴 편하게 말을 할 수 있기 때문이다.

맞장구를 치는 말에도 여러 가지가 있는데, '과연'이라는 말을 쓸 때는 주의하는 편이 좋다. 경우에 따라서는 '이 이야기를 빨리 끝내고 다른 이야기를 하는 것이 좋겠다'는 살짝 차가운 느낌이 든다. 그에 반해 "그렇죠, 맞아요", "그랬어요?"는 이야기를 끊지 않고 더 하도록 만드는 효과가 있어서 무난하다. 맞장구도 잘 생각해서 쳐야 한다.

조심해야 할 말이나 말할 의욕을 없애는 태도
_아가와

'과연'이라는 말에는 사이토 선생의 말씀 같은 느낌이 있어서 가능한 한 사용하지 않으려고 주의하는 편인데 나도 모르게 써버리곤 한다. '알지, 알아요'도 상대방이 오해하기 쉬우니 자제하려고 한다.

예전에 한 사회자가 게스트와 대담을 할 때 "그건 제쳐두고"라는 말을 자주 사용하는 것을 보았다. 사회자 입장에서는 이야기를 본래의 주제로 되돌리려거나 다음 화제로 넘어가려는 의도였지, 절대 악의는 없었을 것이다. 하지만 옆에서 듣던 나는 묘한 위화감이 들었다. 그 말을 들은 게스트는 어떤 기분일까, 걱정되었다. '그건 제쳐두고'라는 말과 함께 자연스레 화제가 바뀌면 '뭐지? 지금까지 내가 열심히 이야기한 것이 별로였나?' 싶어서 상처받지 않을까하고.

대화 중간중간에 사소한 한마디로 상대방의 기운을 북돋을 수도 있고 꺾을 수도 있다. 사소해 보일지 모르지만 상당히 중요한 부분이다.

조심해야 할 사소한 태도도 있다. 이를테면 대화 중에 시계를 자주 쳐다보는 것은 예의가 아니다. 시간에 신경 쓰는 모습을 보이면 대화 상대에게 '이 사람은 시간이 없구나. 내가 너무 많은 말을 했나' 하고 비칠 우려가 있다. 물론 한정된 시간 내에 끝내는 것도 중요하다. 그래서 나는 인터뷰를 할 때 눈앞에 시계를 두고 약속 시간 내에 마치겠다는 의지를 전달하는 편이다. 그런데 상대방이 신나서 이야기하는 중간에 너무 자주 시계를 쳐다보면 말하는 사람도 산

만해지고 불쾌함을 느낄 수 있다. 기분을 해치면 대화가 무르익기는 어렵다. 어차피 시간이 없다면 간단히 이야기하고 끝내는 것이 낫겠다고 여기기 때문이다. 그래서 나는 상대방이 알아차리지 못할 만큼 빠르게 시계에 시선을 주곤했는데, 최근에는 노안이 와서 슬쩍 보는 것으로는 시간이 확인되지 않아 고생하고 있다(웃음).

스마트폰과 개인용 컴퓨터도 민폐가 될 수 있어
_ 사이토

나도 대화 중에 상대방이 자꾸 시계를 보면 신경이 쓰인다. 대화 중에 스마트폰을 보는 모습을 보면 내 이야기를 들을 마음이 없구나 싶다. 반면에 젊은 사람들은 자신이 이야기할 때 상대가 스마트폰을 봐도 대체로 신경 쓰이지 않는다고 한다. 더러는 대화 중에 계속 스마트폰을 만지는 사람도 있는데, 역시나 예의는 아니라고 생각한다. 특히 나이가 더 많은 사람이나 윗사람과 대화할 때는 그러지 않는 것이 무난하다.

스마트폰은 어떻게 사용하느냐에 따라 매우 편리한 도구다. 대화 중간에 모르는 이야기가 나오면 바로 검색해볼 수 있다. PC, 즉 개인용 컴퓨터도 마찬가지다. 최근에는 회의나 미팅에 참석할 때 PC를 지참하는 것이 당연해졌다.

한 회의에 참석했을 때의 일인데, 서기를 담당한 분이 참가자의 발언을 일일이 PC에 입력하고 즉시 프로젝터에 반영해주었다. 발언 중에 내용을 확인할 수도 있고 회의가 끝났을 때는 보고서 형태로 정리되기에 매우 유용했다.

하지만 적은 인원이 대화하는 중에 옆에서 키보드 소리를 내면서 PC를 사용하면 거슬리기도 한다. 소리도 소리지만 고개를 거의 들지 않으니, 그 사람이 대화에 참여하고 있다는 느낌을 받지 못한다.

또 이동 중인 대중교통 등에서 옆에 앉은 사람이 PC 작업을 하느라 키보드를 두드리고 있으면 그 자체만으로도 나 역시 피곤해진다. 스마트폰을 만지는 정도라면 소리가 나지 않으니 괜찮지만, 키보드 소리는 거슬릴 수 있다.

④ 초면인 사람과는
공통점을 찾아라

재미나 흥미를 느낀 부분을 놓치지 말자
_ 아가와

초면인 사람과 대화할 때는 먼저 그 사람의 재미있는 부분을 찾으려고 한다.

예를 들어 흔하지 않은 이름의 명함을 받은 적이 있다.

'와, 성함이 ○○○이시네요. 처음 들어봐요! 혹시 고향이 어디세요?' 하고 묻고 싶어진다. 그 사람은 살면서 수백 번도 더 들었을 질문이 아닐까. '사실은 저희 조상님이…'라며 그야말로 조상님 이야기가 펼쳐지기도 한다. 이름뿐만 아니라 특이한 안경을 쓰고 있으면 '어디서 산 안경이에요?' 하고 관심을 보이고, 가끔 만날 일이 있는 상대라도 평소와 달리 멋을 낸 차림이라면 '오늘 슈트 정말 멋지네요'라고 말하는 식이다. 요즘은 성희롱이나 직장 내 괴롭힘 등의 문제로 상대방이 상처를 입을 수 있는 질문은 피하려고 하지만, 그래도 만난 순간에 바로 눈에 들어오는 부분은 되도록 화제로 삼는 편이다.

며칠 전 〈비토 다케시의 TV 태클〉에 '리젠트 형사'라는 애칭으로 유명한 전직 형사이자 범죄 코멘테이터가 게스트로 나왔는데, 초면은 아니었지만 인사를 드렸다. 그러면서 "살짝 만져봐도 되나요?" 하고 단단하게 힘을 준 앞머리를 만지니 굳어 있던 그분의 표정이 단번에 풀리면서 "나름 공들여서 힘준 거예요"라고 하지 않겠는가. 그러고는 "덕분에 긴장이 풀렸어요"라며 고마워했다. 나로서는 딱히 긴장을 풀어주려고 만진 것은 아니었는데 말이다.

초면인 경우에 우선은 상대방의 전문 분야나 관심사를 주제로 이야기를 시작하기도 한다. 예를 들어 전직 야구 선수를 만나면 "요즘 ○○○ 선수 정말 대단하지 않아요?", 경제평론가를 만나면 "환율 상승 현상이 언제까지 계속될 거 같나요?" 하고 본 주제에 들어가기 전 간단한 인사로 상대방이 잘 알고 말하기 편한 화제를 던지면 어려운 대화도 부드럽게 시작할 수 있다.

상대방의 경험 세계에서 공통점을 찾아

_ 사이토

자기 자신과 관련된 이야기에는 몰입하게 된다. 나도 상대방의 경험 세계에 따라 나와 공통되는 화제를 찾는 것부터 시작한다. 예를 들면 초등학생과 이야기를 나눌 때는 요즘 유행하는 만화나 애니메이션을 거론하는 경우가 많다.

특히 초면인 사람과 대화할 때는 연배에 따라 경험해온 세계가 다르다는 전제하에 공통으로 알 만한 화제를 찾는 것이 중요하다.

초면인 사람과 만날 때는 스마트폰이 매우 편리하다. '요즘 이런 음악에 빠져 있어요', '이 유튜브 채널이 재미있어요' 하고 상대방에게 들려주거나 보여줄 수 있다.

상대방이 몰랐던 것이라도 함께 듣고 보면 분위기가 무르익는다. 스마트폰은 초면인 사람들도 그 자리에서 바로 화제를 공유할 수 있다는 점에서 편리하다.

또 도구라고 하긴 그렇지만, 개를 데리고 산책하다 보면 초면인데도 편하게 대화를 나누게 된다. 물론 이야기의 주제는 개에 관한 것이지, 서로에 대해 언급하지는 않는다. 길에서 누군가와 스쳐도 모르는 사람끼리는 거의 대화를 하지 않지만, 개라는 공통점이 있으면 놀라울 만큼 대화가 쉽게 이루어진다. 개를 키우는 사람끼리는 이웃 간에도 더 친밀하게 교류한다. 개를 키우면 초면인 사람과 대화하는 것이 편해질지도 모르겠다.

개가 없어도 이야기를 나눌 수 있는 세상
_아가와

하지만 요즘 반려동물 사정을 보고 있자면 반려동물에게 사랑을 주는 방식이 일반적이지는 않은 것 같다고 느껴진다. 반려동물에 지극정성인 분들께 혼날 것 같지만, 되도록 반려동물이나 아이들을 매개체로 삼지 않아도 모르는 사람과 자연스레 대화할 수 있게 된다면 좋겠다.

물론 나도 그런 바람을 가졌으면서도 좀처럼 실행하진 못하고 있다. 얼마 전에도 전철 안에서 멋진 구두를 신은 여성을 보았다. 베이지색 펌프스를 신었는데 입은 옷도 베이지색이었다. 코디가 참 멋지다 싶어서 나도 모르게 말을 걸고 싶었는데, 주위에 온통 모르는 사람들만 있는 참에 갑자기 말을 걸면 놀랄 것 같았다. 멋있어서 말은 걸고 싶은데 어쩌지 하고 고민하는 사이 내릴 역에 도착해버려 결국 말을 걸지 못했다. 이러니까 안되지, 하고 반성했다.

미국에서 이런 일이 있었다. 길을 걷고 있는데 홈리스인 남성이 말을 걸어온 것이다. 아무래도 내가 신고 있던 신발에 대해 뭐라고 말한 것 같은데, 살짝 무서워서 아무 대답도 안 하고 지나갔다. 그랬더니 뒤에서 그가 "헤이! 헤이!"

하고 불러서 돌아보니, "나는 네가 신은 빨간 운동화가 멋지다고 칭찬한 거야. 대답 정도는 하는 게 예의지"라며 혼내듯 했다. 그랬다. 미안하고 고마웠다. 나는 고개를 숙이며 사과했는데, 그때는 정말로 부끄러웠다. 내가 너무 무례했구나 싶어서.

미국인들은 살짝 지나치는 사람들을 향해서도 "하이! 오늘 날씨 좋네요"라거나 "I like your shirt"라며 가볍게 말을 걸어온다. 그런 말이 자연스럽게 나올 정도라면 거리 분위기도 밝아질 듯하다. 그러면 초면인 사람과의 대화를 시작하는 일쯤은 아무렇지도 않을 텐데 말이다.

⑤ 사전에
상대방에 대해 알아두라

좋아하는 것이나 근황 정도는 사전에 조사해두기
_ 사이토

대화할 상대가 정해져 있을 때는 상대에 관해 어느 정도 알아두는 편이 깊이 있는 대화를 나누기에 수월하다.

꽤 오래전 일인데, 논픽션 작가인 야나기다 쿠니오 씨와 대담할 기회가 있었다. 그는 내가 연재하는 잡지의 기사도 읽고 궁금한 부분에 밑줄까지 쳐서 질문을 준비해왔다. 유명하고 바쁜 분이 이렇게 준비해서 대담에 임한다는 사실에 솔직히 놀랐다. 게다가 질문 내용이 무척이나 적절하고 정확해서 '이 정도면 꽤 깊은 대화가 되겠구나' 싶었다.

민영 텔레비전 방송국 TV아사히에서 배우 구로야나기 테츠코가 진행하는 토크 프로그램 〈테츠코의 방〉에 출연한 적이 있다. 그때까지 나는 구로야나기 씨는 애드리브 능력을 이용해 궁금한 점을 물어가며 토크를 진행하는 타입이라고 생각했다. 그런데 예상과 달리 그녀는 게스트인 나에 대해 사전에 잘 알아보고 물어볼 내용을 손으로 써서 정리한 메모를 테이블에 올려두고 진행하는 게 아닌가. 물론 내용을 모두 머릿속에 넣고 있어서 녹화 중에는 일일이 메모를 보지 않고도 자연스럽게 진행했다.

사전에 상대방이 좋아하는 것이나 근황 정도를 알아두면 실제 대화를 이끌어가기 쉽다. 나도 첫 수업에서는 일단 학생들이 좋아하는 것들을 물어본다. 20명 정도가 듣는 수업이라면 대부분은 기억할 수 있다. 음악을 좋아하는 학생에게는 "요즘 라이브 콘서트 간 적 있니?"라는 식으로 말을 걸 수 있다. 졸업하고 10년 후쯤 만나도 그런 화제로 이야기가 무르익을 수 있다.

상대방이 좋아하는 것이나 관심 있는 분야를 알아두면 대화를 나눌 때 정보로써 많은 도움이 되는 데다, 대화가 원활히 진행된다.

사전에 너무 많은 조사를 하면 신선함이 떨어져
_아가와

사전에 상대에 대해 알아두는 것은 이상적이지만, 내 경우에는 용의주도하게 철저히 준비하는 타입은 아니다. 원래 책이나 자료를 읽는 속도가 느리기도 해서 '이 자료만큼은 밤을 새워서라도 읽어야지' 하고도 잠에서 깨어보면 아침이어서 허둥거리는 시험 전의 학생 같은 모습을 지금도 반복하고 있다. 그래서 철저한 준비를 하지 못하고 인터뷰에 임하는 경우도 많아서 늘 긴장감이 감돈다.

다만 변명이지만, 더러 자료를 완벽하게 읽고 오늘은 여유롭게 인터뷰를 할 수 있겠다 싶은데 의외로 실패할 때가 있다. 아마도 자료를 독파했기 때문에 상대방에 대해 다 안다는 착각으로 초면임에도 놀라움이나 신선함을 덜 느낀 탓이 아닐까 싶다. '아, 저 이야기는 아까 본 자료에 있었지'라거나 '지금 하는 이야기는 그 에피소드구나' 하고 생각해버리는 것이다. 이는 상대방이 이야기를 잘못해서가 아니라, 내 준비방식의 문제다. 자료만으로 상대방을 안다고 생각해서는 안 되는데, 이미 조사해서 알고 있는 에피소드를 이야기하면 왠지 수박 겉핥기 식의 반응밖에 나오지 않는 것이다.

그럼에도 불구하고 사전에 상대방에 대해 알아두는 것은 중요하다. 다른 매체나 잡지에서 이미 이야기한 것이라도 모두 알 수는 없다. 오히려 사전에 알아본 정보에서 조금 더 나아간 이야기나, 그 전후의 이야기를 듣고자 애쓴다. 그러면 대화가 '검증'이 아니어서 말하는 쪽도 '항상 같은 이야기를 하게 되네'라는 부담을 덜 느낀다. 어쩌면 새로운 관점을 갖는 계기가 될 수도 있다.

그리고 상대방에 대해 알아보는 동안 나 자신을 대입해서 깨닫는 점이나 떠올리게 되는 에피소드도 있다. 그럴 때는 듣는 사람으로서 너무 나서지 않으면서도 '사실은 저도 같은 동네에 살았던 적이 있어요'라거나 '저하고 두 살 차이시네요. 혹시 그 드라마 보셨어요?' 하고 공통점을 끄집어내면 생각지도 못한 이야기가 전개되기도 한다.

상대방과 자신의 공통점이나 접점을 찾아두라
_ 사이토

역시 상대와 나 사이에 공통점이 있으면 대화도 잘 된다. 그러니 사전에 상대방에 대해 알아둘 때도 나와 관련이 있을 법한 내용을 뽑아서 기억하는 것이 좋다.

너무 상세히 알아보지 않아도 취미랄지, 상대의 경력이나 업적 중에 내가 관심 있는 주제 등을 확인해두고 이를 단서로 삼아 질문하면 대화는 점점 발전한다. 즉, 상대방의 무엇을 출발점으로 삼아 어떻게 이야기를 끌어갈지 명확히 해두면 말주변이 없는 사람이라도 대화가 수월하겠다.

⑥ 대화는 시작이 중요해

자기소개에서 주의할 점

_ 사이토

초면인 사람과 대화할 때는 우선 자기소개부터 시작하는 것이 일반적이다. 이를테면 대학 수업에서도 처음에는 한 사람씩 자기소개를 한다.

일반적으로 사회인의 자기소개에는 자신의 경력이 포함되는 경우가 많다. 하지만 그럴 경우 이야기가 길어지거나 자리의 분위기가 무거워지기도 한다. 더러는 학력에 대해서도 이야기하는데, 이 역시 살짝 문제가 될 수 있다. 출신 대학교 정도라면 그나마 낫지만, 출신 고등학교를 언급할 경우 불편함을 느끼는 사람도 꽤 있다. 학창시절에 대해 말해야 할 때는 소속 동아리나 열정을 쏟은 아르바이트 정도면 평범해도 큰 거부감 없이 받아들여지지 않을까.

고향 이야기라면 무난하다. 내 경우에는 '시즈오카 출신'이라고 하면 시즈오카현을 화제로 삼아 꽤 많은 이야기가 오간다.

아주 드물거나 마니아 느낌의 주제가 아니라면 지금 빠져 있는 것에 대한 이야기도 꽤 반응이 좋다. 취미도 좋고, 자주 보는 유튜브 채널도 좋고, '최애'에 대한 이야기도 좋겠다. 개인정보에는 민감한 시대지만, 상대와 친해지고 싶다면 터놓아도 되는 선에서 자신에 대해 말하는 것도 괜찮다.

상대방의 모습을 잘 관찰하며 대화하라
_아가와

나는 자기소개를 하라고 하면 상황에 따라 다르지만, 우선은 그 자리와 나의 연관성을 말한다. 예를 들면 '오늘 사이토 선생님의 소개로 이 자리에 오게 되었습니다. 사이토 선생님은 10년쯤 전에 처음 뵈었는데 이후로 몇 번 함께 일을 했어요'라는 식이다.

말하자면 지도를 펼쳐서 현시점과의 거리나 방향을 확인하는 작업이다. 그 모임의 주축이 되는 인물과 내가 어떤 관계이고 얼마나 교류해왔는지를 처음에 말해두면 상대방이 안심할 수 있고 이해하는 속도도 빨라진다. 주축이 되는 인물이 없을 때는 그 지역과의 연관성을 말해 친밀감을 심는다.

자기소개에 이어 인터뷰를 할 때는 첫 말을 어떻게 시작할지에 대해 고민한다. 특별히 루틴이 있는 것은 아닌데, 대개는 정식으로 인사를 나눈 후 '아, 이거 벌써 인터뷰가 시작된 건가요?' 하고 게스트가 놀랄 만큼 자연스럽게 시작한다.

가능하면 긴장하지 않았으면 해서다. 실제로 본 인터뷰에 들어가기 전에는 갖가지 일이 생기고 또 여러 요소가 눈에 들어온다. 예를 들어 게스트가 의자에 앉은 타이밍에 '짐은 이쪽에 맡아둘까? 어머나 가방이 너무 멋지네!'라고 깨달을 때도 있고, "음료는 뭐가 좋으세요? 커피?", "카푸치노로 할게요", "어머 멋지네요. 저도 카푸치노로 할래요!" 하고 시작부터 분위기가 상승되기도 한다. 기껏 분위기를 화기애애하게 만들었는데 '자, 그럼 지금부터 인터뷰를 시작하겠습니다'라니, 너무 딱딱한 느낌이 아닌가.

물론 사전에 첫마디를 정해둘 때도 있다. 상대방이 큰 상을 받은 직후의 인터뷰라면 예의상으로도 그렇고 화제성으로도 일단은 '이번에 수상하신 것 정말 축하드립니다!' 하고 인사한다.

그렇게 인사하는 것이 순서상 맞다고 생각하고 그 흐름

을 타 먼저 수상 소감부터 듣는 식으로 진행해야지 하고 마음먹고 있는데, 게스트가 대기실에 지팡이를 짚고 나타나기도 한다. 나의 본래 목적은 시작하는 타이밍에 수상 소감을 듣는 것이었기에, 지팡이 따위는 무시하고 '축하드려요!' 하고 큰 소리로 인사할 수도 있겠지만 아무래도 부자연스럽다. 예를 들어 상대방이 친구인데 설마 지팡이를 짚고 올 것이라고는 예상도 못 했다면 일단은 놀라지 않겠는가.

"어떻게 된 거예요? 다리 왜 그래요?"

이것이 만났을 때 처음 나와야 할 말이랄까, 더 자연스러운 흐름이다.

질문을 받은 당사자도 분명 힘든 다리로 지팡이를 짚고 인터뷰 장소에 오느라 지쳤을 수 있다. 상대방의 현재 심경을 되도록 잘 살피는 것도 중요하다.

본래의 목적이나 내가 원하는 것만 생각하지 말고 지금 상대방의 기분이 어떤지, 긴장하지는 않았는지, 오면서 지치지는 않았는지, 땀에 젖은 옷을 벗고 싶지는 않을지, 원하지 않는 질문을 받으면 어쩌나 하고 경계하지는 않는지 등을 전체적으로 살피고 감안하여 말을 걸어야 한다. 지금의 내 기분과 마음을 이해해주는구나 싶으면 상대방도 조금은 안심할 것이다.

다음으로, 무언가 하나 칭찬거리를 찾아서 말하는 것이 좋다. 헤어스타일이든 넥타이나 가방 등 패션 아이템이든

다 좋다. 요즘은 직장 내 갑질 문제가 있으니 조금 신중하게 말을 골라야겠지만, 상대방을 좋게 평가하는 것은 중요하다. 상대가 소중히 여기는 것, 신경 쓰는 것에 대해 나 역시 흥미를 갖고 관심을 보이면 분위기가 나빠지지는 않는다. 다만 무성의하게 인사치레만 연발하면 오히려 경계를 살 수 있으니 주의하자.

상대방을 칭찬하고 대화를 시작한다
_ 사이토

우선은 상대방에 대해 무언가 가볍게 칭찬하고 대화를 시작하는 것은 아주 좋은 방법이다. 초면인 사람이라도 예를 들어 '스마트폰 케이스가 정말 멋지네요' 하고 가볍게 칭찬을 건네보자. 그런 느낌으로 한마디 하고 대화를 시작하면 꽤 잘 진행될 듯하다.

하지만 아가와 씨 말씀처럼 너무 인사치레 식의 칭찬은 좋지 않다. 마음에도 없는 말을 하는 것이니 말이다. 처음부터 뭐든지 칭찬해야겠다는 생각에 사로잡혀 실상 마음에도 없는 좋은 말을 늘어놓는 것은 인사치레일 뿐이다. 그에 반해 상대방의 장점을 찾아내고 자연스럽게 언급하는 것이 칭찬이다. 인사치레와 칭찬은 비슷해 보이면서도 다르다.

그런 의미에서 보자면, 함께 즐기는 것은 좋다. 인사치레할 때와 진심으로 재미있어할 때의 마음가짐은 완전히 다르다. 인사치레할 때는 언뜻 친밀해 보이지만 속에서는 상대방과 거리를 두는 느낌이다. 반면에 재미있어하며 함께 즐기는 것은 스스로 마음이 움직인 것이니 자연스레 상대방과의 거리가 좁혀진다.

질문의 방향성을 바꾸다
_ 아가와

오래 인터뷰를 계속하다 보니 때로는 만난 분의 저서나 작품에 그리 감동하지 못한 경우도 있다. 실제로는 감동하지 않았는데 '너무 훌륭한 작품이었어요!'라며 마음에도 없는 말을 해본들 상대방은 인사치레임을 금방 알아차린다.

그럴 때 나는 억지로 칭찬을 늘어놓기보다는 질문의 방향성을 바꾸려고 한다. 전체적으로는 재미있다고 생각하지 않은 영화라도 군데군데 매력적인 장면이나 놀랄 만큼 고생한 흔적이 보이는 부분이 있다. 그런 장면을 떠올리면서 '그렇게 대사가 긴 장면을 어떻게 촬영하셨어요. 정말 대단하시네요' 혹은 '추운 날씨에 산에서 촬영하느라 고생 많이 하셨지요?' 하고 구체적이면서도 진심이 담긴 말을 건넨다. 그러면 생각하지도 못한 다른 재미있는 이야기가 나오면서 마지막에는 나 역시 '좋은 영화였다'며 새삼 감동하기도 한다. 구체적인 사정을 물어보면 상대방도 '내 작품을 보고 왔구나' 하고 알게 되고, 그저 '멋졌어요', '훌륭해요'라고 추상적으로 칭찬하는 것보다 더 기뻐할 것이다.

가끔은 구체적이지 못한 이야기를 자주 하는 사람도 있다. 예를 들어 멋진 사람의 이야기를 할 때 '아가와 씨도 꼭 만나봐요. 얼마나 멋진지, 정말 멋지다니까요'라고 할 뿐, 아무리 물어봐도 '아주 멋지다'는 것 외의 형용사는 나오지 않는다. 그래서인지 나도 꼭 만나보고 싶다고 말하기가 어려워진다.

모든 일에는 구체성이 중요하다. 많은 미사여구를 늘어놓는 것보다 단 하나의 작은 에피소드를 말해주는 편이 훨씬 마음에 남을 것이다.

⑦ 화제를 던지는 사람과 이어가는 사람 덕분에 대화가 무르익어

말할 타이밍을 못 잡는 사람이 있다
_아가와

나는 기본적으로 수다쟁이여서 내가 말하고 싶은 내용이 떠오르면 곧장 입에서 터져 나온다. 하지만 세상에는 그렇지 않은 사람도 많다.

옛날에 이런 실수가 있었다. 맨날 선을 보러 다니던 시절에 여자친구들과 만나서 '어때? 선 본 사람 어떠니?'라는 화제로 많은 이야기를 나누었다. 어느 날 친구 A와 만났을 때 "어땠어?"라고 묻길래 "그게 말이야. 지난주에도 또 선을 하나 봤는데, 그 사람이…" 하고 나 혼자 떠들다가 정신을 차리고 보니 시간이 많이 흘러서 "그럼 잘 가고 또 보자" 하고 헤어진 것이다. 그리고 며칠 후에 다른 친구에게서 A의 약혼 소식을 들었다. 나는 놀라서 곧장 A에게 전화를 걸었다.

"약혼했다고? 그날 만났을 때 그런 이야기 전혀 없었잖아. 어떻게 된 거야?"

나의 물음에 그녀는 "그야 네가 묻지 않았잖아. 내가 말할 틈도 없었고"라는 것이 아닌가.

깊이 반성했다. 세상에는 가만히 내버려 두어도 떠들어대는 나 같은 사람도 있지만, 묻지 않으면 말하지 않는 사람도 있다는 것을 뼈저리게 느꼈다.

이후로는 주의하고 있다. 여럿이 있는 자리에서 남들의 이야기를 듣기만 하고 전혀 말하지 않는 사람을 보면 '○○ 씨는 어때요?' 하고 물어본다. 아마도 그 사람은 대화에 끼고 싶지 않아서 침묵하거나 이야기할 거리가 없어서 듣고만 있었던 것이 아니라, 말할 타이밍을 잡지 못했는지도 모른다. 그런 사람의 존재를 알고부터는 바통을 넘기듯이 이번에는 내가 듣는 입장이 되어야겠다고 생각하고 노력한다.

화제를 던지는 사람과 이어가는 사람의 능력이 중요해
_사이토

타이밍이라는 건 자동차의 차선 변경 같은 것이어서 비결이 있다. 대화의 속도가 자신과 맞지 않아서 끼기 힘들

때가 있다. 또 대화 자리에 일종의 역학관계가 작용하는 경우, 말을 하기가 쉽지 않다. 많이 말하는 사람이나 목소리가 큰 사람이 그 자리를 지배하면서 다른 사람이 편하게 끼어들기 힘든 분위기가 형성된 것이다.

물론 자신이 말을 하고 싶지 않아서 그저 조용히 있는 사람도 더러는 있겠지만 많지는 않을 것 같다. 한마디 하고 싶어도 타이밍을 잡지 못하는 사람이 많다. 그럴 때 '이 사람이 별로 말하지 않았다'는 것을 알아차리고 자연스레 발언할 기회로 연결시키는 사람은 분위기를 장악하는 감각과 능력이 뛰어나다.

전체의 균형을 생각해서 대화의 자리를 잘 이끌어가는 사람은 소위 MC, 사회자에 어울리는 유형이다. 그런 역할을 할 사람이 없으면 대화 자리에서는 몇 사람만 계속 말하는 상황이 벌어진다. 말을 잘 이어주는 역할을 하는 사람이 있으면 대화가 공평하게 이루어질 수 있다.

그런 역할과 동시에 '화제를 던지는 역할'을 하는 사람이 있으면 대화는 점점 발전한다. 대학 수업에서 교사를 지망하는 학생에게 수학이나 영어 등의 교과 내용을 노래로 바꾸어 발표하도록 한 적이 있다.

"누가 먼저 노래해볼까요?"라고 하자 예상대로 조용했다. 그래서 내가 한 여학생을 지명했다. 교실을 쭉 둘러보았을 때 다른 학생들은 제발 자신을 지명하지 말라는 표정이었지만, 그 여학생만은 '정 그렇다면 저를 시키셔도 돼요'라는 분위기를 풍기고 있었기 때문이다.

그녀는 한 가요에 맞춰 무척이나 재미있는 개사를 선보였다. 그 덕분에 교실 안은 폭발적으로 분위기가 고조되었다. 나중에 물어보니 긴장했다고 하는데, 그 여학생을 지명하길 잘했다 싶었다.

이럴 때 별 생각 없이 억지로 지명을 하면 갑질일 수 있지만, 가벼운 마음으로 응해줄 법한 사람에게 부탁하면 대개는 큰 문제가 없다. 나중에는 '이 친구가 했으니 나도 한다'는 느낌으로 한 사람씩 노래를 하겠다며 손을 들었다. 대화의 분위기를 고조시키려면 이처럼 화제를 던지거나 총대를 메는 사람이 참 중요하다.

⑧ '사설이 길다'는 말을 듣는 사람에게

하고 싶은 말이 정확히 전달되지 않아
_ 아가와

새삼 말할 것도 없이 나는 수다쟁이다. 그러나 달변가는 아니어서 사람들에게 종종 지적을 받는다.

"네 이야기는 사설이 길다."

그렇다. 나는 주저리주저리 사설이 긴 타입이다. 너무 길어서 '도대체 하고 싶은 말이 뭔지 모르겠다'라며 혼난 적도 적지 않다. 왜 사설이 길어지는지 변명하자면, 물론 본론도 이야기하고 싶지만 본론에 들어가기 전에 하고 싶은 말도 많이 떠오르기 때문이다. 그것을 다 설명해두는 것이 좋을 것 같거나 주변의 이야기도 재미있게 나누고 싶다 보니 결국은 길어진다. 이야기를 할 때는 사설이 길어져서는 안 되는 걸까?

사설은 복선이 될 수 있도록
_사이토

사설이 재미있어서 본론에서도 언급된다면 문제가 되지 않는다. 다만 사설이 긴 사람들은 대개 본론에 들어가기 전의 근황 토크가 길다. 근황 토크 등은 될 수 있으면 30초 정도로 끝내는 편이 좋다. 30초 정도라면 대개는 어떤 이야기라도 견딜 수 있다.

나는 수업에서 학생들에게 30초 이내에 근황 보고를 하도록 연습시킨다. 내가 가르치는 학생들은 교사를 지망하는 경우가 많은데 이런 연습으로써 30초 이내에 폭소하게 만드는 근황 보고가 가능해진다. 이는 교사에게 꼭 필요한 능력이다.

사설이 길다는 것은 소설가의 자질로는 좋다고 생각한다. 그 사설이 본론에서 비밀의 복선처럼 사용된다면 좋은 소설이자 스토리라고 본다. 일본의 시성으로 불리는 야마노우에노 오쿠라의 〈빈궁문답가〉라는 노래를 보자면, 초반에 서민들의 빈곤한 생활상이 길게 이어진다. 그리고 마지막은 '이 세상이란 괴롭고 살을 깎듯 불안한데, 어딘가에 날아갈 수도 없지. 새가 아닌 바에야'라는 짧은 시로 끝난다. 이 단가에 본래 하고 싶은 이야기가 응축되어 있다. 그러면서 또 거꾸로 앞에 나온 빈곤한 생활상이 뼈저리게 느껴지는 것이다.

막부 전기의 시인 마쓰오 바쇼의 기행집 역시 여행하는 동안의 여러 일이 앞에서 나오고 마지막에는 하이쿠라는 짧은 시로 끝맺는다. 사설이 길다는 것은 그만큼 이야기를 이어가는 힘이 있다는 뜻이기도 하다.

대화에서도 본론이나 핵심 메시지로 이어지는 복선 역할을 하는 것이라면 다소 길어져도 괜찮지 않을까. 다른 관점에서 본다면 본론이나 핵심적인 스토리가 뛰어나면 오히려 긴 사설도 의미 있다.

이렇고 저런 아가와라고 합니다
_아가와

근황 보고가 될 수 있으면 짧은 편이 좋다는 말을 들으니 생각난다. 방송 일을 시작한 지 얼마 안 되었을 때, 아직 멋모르는 내게 프로듀서가 '안녕하세요. 아가와입니다'라고 프로그램 처음에 인사를 할 때 무언가 수식어가 될 만한 것을 생각해두라고 했다. "수식어요?"라고 묻자 당일 본 것이든 느낀 것이든 무엇이라도 괜찮다고 했다. 가령 '오늘 올해 처음으로 비둘기 울음소리를 들은 아가와입니다'라든지, '지하철에 우산을 깜빡하고 내린 아가와입니다'라는 식으로 말이다. 그런 느낌으로 자기소개를 하라는 것이다.

구체적인 요소가 들어간 근황 보고가 좋아
_ 사이토

짧은 근황 보고 차원에서 굉장히 훌륭하다. 짧은 데다 구체적인 요소가 들어 있고, 그의 사람됨을 느낄 수 있다.

지금 하신 말씀 덕에 깨달았는데, 먼저 자신의 이름을 말하고 근황 보고를 하는 방법도 있지만 그렇게 하면 '아가와입니다. 오늘은 이런저런 일이 있어서…' 하고 아무래도 길어지기 쉽다. 그에 반해 '이렇고 저런 아가와입니다'라고 하면 짧게 끝낼 수 있다. 사설이 길다는 핀잔을 받을 일도 없겠다.

⑨ 이야기할 내용을
세 가지 정도 준비해두라

이야기의 방향성이 바뀌었을 때를 대비해서
_ 사이토

대화에는 대개 '목적지'나 '방향'이 있다. 나는 목적지라고 여겨지는 방향으로 할 이야기를 생각해둔다. 다만 목적지를 하나로만 생각해버리면 갑자기 다른 방향으로 이야기가 전개되었을 때 바로 대응하기가 어려워진다. 그런 사태를 고려해서 자신이 이야기할 후보를 세 가지 정도 준비해두는 것이 좋다.

방송에서 코멘테이터를 하는 상황에서, 내가 하려던 말을 옆 사람이 먼저 말해버리는 경우도 있다. 그럴 때 'ㅇㅇ씨와 같은 의견입니다'라고 하기엔 방송의 재미가 반감될 듯하다. 그렇다고 그 자리에서 곰곰이 생각하자니 방송에

애매한 침묵의 시간이 생겨버릴 것이다. 방송을 보는 시청자도 살짝 초조해지지 않을까? 그런 의미에서 평소 대화를 할 때도 이야기 후보를 두세 가지는 준비하는 것이 좋다.

할 이야기가 하나밖에 없으면 대화나 회화가 유연하게 흐르지 못한다. 할 말을 미리 정해둔 개그맨처럼 현장에서 이야기의 방향이 바뀌어도 준비한 한 가지 이야기밖에 못한다. 당연히 주제와 다른 이야기를 하니 웃음을 끌어낼 수 없다. 아가와 씨는 준비에 대해 어떻게 생각하는가?

질문은 너무 많지 않은 편이 좋아
_아가와

인터뷰 일을 막 시작했을 무렵, 나는 리포트 용지에 20문항 정도의 질문을 메모하여 무릎에 두고 인터뷰에 임했다. 그런데 실제로 인터뷰를 시작하면 내가 적어둔 질문에 신경이 쓰여서 상대의 이야기에 맞장구를 치면서도 '다음에는 어떤 질문을 할까?', '세 번째 질문은 건너뛸까?' 하고 머릿속으로 이것저것 생각하느라 자주 리포트 용지로 시선이 갔다. 일단 내가 던진 질문에 상대가 답해주는 것을 확인하면 안심해서 답변을 제대로 듣지 않았다.

그러던 중《듣는 힘》에도 쓴 내용인데, 선배 아나운서가 쓴 책을 읽어보니 '인터뷰를 할 때는 질문을 하나만 준비해서 가라'고 적혀 있었다. 하지만 햇병아리 인터뷰어인 나는 무서워서 그럴 수가 없었다. 질문을 하나만 준비했다가는 그 질문만으로 끝나버릴 것 같았기 때문이다. 그런데 선배 아나운서가 의도한 바는 '질문을 하나만 준비하면, 다음에 무엇을 물을지 생각할 때 첫 번째 질문의 답에서 단서를 찾을 수밖에 없다. 그러니 질문을 하고 답이 돌아오면 상대방의 이야기에 필사적으로 귀를 기울이게 된다. 이야기를 열심히 들으면 분명 그 속에서 다음 질문을 찾을 수 있다'는 것이었다.

그랬다. 이 조언은 정말로 도움이 되었다. 물론 그래도 질문을 하나만 준비하기는 겁이 나서 지금은 질문이랄까 주제를 세 가지 정도 머릿속에 넣고 인터뷰에 임하려고 한다.

⑩ 어떻게 이야기하면 상대방이 잘 들을까?

청중을 사로잡는 한 작가의 말하기
_아가와

작가 와타나베 준이치 씨와 강연 여행을 간 적이 있는데, 마침 《실락원》이 잘 팔리던 때라서 그는 정말 유명세를 타고 있었다. 당연히 내가 시작만 하고 메인은 와타나베 씨였다. 내 이야기가 끝나고 "이어서 와타나베 선생님, 잘 부탁드립니다" 하고 사회자가 무대에 초대했는데, 와타나베 씨는 왠지 피곤한 표정에 살짝 기분이 안 좋아 보였다. 그런 표정으로 이야기를 시작했는데 목소리도 시원하지 않아 잘 들리지 않았다. 무슨 일인가 싶어 관객도 불안해졌는지 다들 무대를 향해 몸을 내민 상태로 듣고 있었다. 그런데 처음에는 시원치 않게 말하던 와타나베 씨가 중반부터는 어찌나 이야기를 재미있게 하는지 놀라웠다. 마침 그때 유명한 여가수와 인기배우 부부가 이혼해서 세상이 떠들썩했는데 그 이야기를 하면서 "제가 들어보니 연말에 있었던 일이랍니다. 둘 다 인기가 많으니 평소에는 바빠서 대화할 겨를도 없었는데, 우연히 두 사람이 쉬는 때가 같았나 봐요. 시간이 겹치면 안되는 거였는데 말이지요. 차분히 얼굴을 마주하고 이야기를 나눠보니 역시 헤어지는 것이 낫다는 결론이 난 거죠. 인간이란 여유가 생기면 쓸데없는 이야기를 한답니다. 서로 바빴으면 헤어지지 않고 살았을지도 몰라요"

떨떠름한 얼굴로 등장한 와타나베 씨가 그런 이야기를 하니 객석에서는 웃음이 터졌고 갑자기 분위기가 고조되었다. 놀랐다. 그랬구나, 등장할 때 기분이 안 좋아 보이니 듣는 사람들도 무슨 일인가 싶어 걱정하는데 그때부터 슬슬 시동을 걸어 이야기를 하니 이렇게 반응이 좋구나. 나도 다음에 시도해볼까 싶을 정도였다. 하지만 그리하려면 상당한 용기가 필요해서 아직은 실천해보지 못했다.

대화에서의 의외성과 간극의 효용
_사이토

참 대단한 능력이다. 일반적으로는 밝은 톤으로 이야기

74

하는 사람에게 청중은 경청한다. 목소리 톤이 보통인 데다 살짝 어두운 사람은 솔직히 말하자면 기분이 안 좋은가 하여 청중이 이야기를 듣지 않을 위험이 있다.

목소리 톤을 밝게 하면 부드러운 인상을 주는데, 요즘은 그 편이 훨씬 잘 받아들여진다. 과거에는 조금 뚱한 표정의 사람에게 주위의 신경이 쏠렸지만, 요즘은 그런 사람을 처음부터 배제하는 경우가 많다.

그렇지만 이야기하는 동안 첫인상과는 달리 '이 사람, 의외로 괜찮군' 하고 여겨질 때도 있다. 의외성이나 간극의 효용이라고도 할 수 있다.

개그맨도 그런 면이 있다. 예를 들어 개그 콤비의 경우 처음에 밝고 활기차게 인사하면서 등장하는 사람은 옳은 말을 하며 면박을 주는 역할이다. 그에 반해 우스꽝스러운 행동과 말을 하는 역할은 왠지 의욕이 없는 듯 떨떠름한 표정으로 등장하는 때가 많다. 하지만 귀찮은 듯이 한마디하면 관객은 그의 말에 웃음을 터뜨린다. 그 사람의 이야기를 더 들어보고 싶어 한다. 그런 캐릭터가 꽤 있는데, 이 역시 사람들에게 이야기를 듣고 싶도록 만드는 의외성과 간극의 효용이 아닐까 싶다.

이야기를 듣게 하려고 처음에 바보처럼 구는 것은 나도 자주 사용하는 방법이다. 이전부터 강연회 등의 초반부에 웃음을 유도하려고 "안녕하세요. 사이토 고헤이입니다" 하고 인사했다. 하지만 이름이 비슷한 탓인지 그렇게 반응이 좋지 않았다. 웃기려고 한 개그라는 점이 전달되기는커녕, 내가 이름을 잘못 말한 것으로 여기는 분이 많았다.

그래서 그 이름은 그만두고 "안녕하세요. 딘 후지오카입니다"라고 말하기 시작했다. 그러자 여성들을 중심으로 반응이 좋았다.

예전에 NHK의 〈시점·논점〉이라는 매우 진지한 프로그램에 출연한 적이 있다. 보통은 사전에 원고를 쓰고 카메라를 보며 10분 정도 말하는데, 그때는 원고 없이 녹화에 들어갔다. 주제는 '사생관(死生觀)을 생각하다'였다.

그때도 나는 "안녕하세요. 딘 후지오카입니다" 하고 인사했다.

"농담입니다. 지금 저를 딘 후지오카 씨라고 생각하는 분은 아마도 안 계시겠지만, 정답은 이 타이밍에 웃으시는 거였습니다. (중략) 앞서 웃지 못한 분들을 위해 다시 한번 할 테니 다 같이 웃어주세요. 안녕하세요, 딘 후지오카입니다"

그렇게 반복하고는 사생관에 대해 이야기했다. 주제가 주제인 만큼 다시 찍어야 할지도 모른다고 걱정했는데, 다행히 'OK' 사인이 떨어졌다.

나의 이 딘 후지오카(라디오 DJ, 배우, 영화 감독, 모델, 음악가 등 다양한 활동을 펼치는 미남 싱어송라이터) 농담에 관해서 이처럼 딘 씨의 이름을 멋대로 써도 될지 줄곧 고민스러웠다. 그래서 한 방송 프로그램에서 그를 만났을 때 "강연을 시작할 때 해보니 반응이 좋더라고요. 계속해도 될까요?" 하고 묻자 흔쾌히 승낙해주었다. 이후로는 당당하게 쓰고 있다.

아가와 씨는 많은 사람 앞에서 이야기할 때의 비결이 있는가?

열심히 고개를 끄덕이는 사람을 보며 말하다
_아가와

나는 기본적으로 강연을 어려워하는데, 그래도 해야만 할 때가 있다. 꽤 긴장하는 편인데, 가끔 가장 앞자리에 너무 지루해하는 표정으로 앉아 있는 분이 있다. 강연에 그렇게 기대가 없으면 조금 뒷자리에 앉아도 될 법한데, 시큰둥한 표정을 감추지도 않는다. 그런 사람을 앞에 두고 강연을 시작하면 점차 의기소침해진다. 어차피 내 이야기가 심도 깊지도 않고 별 도움이 안되겠구나 싶어서. 역시 이 강연을 맡는 것이 아니었다고 후회가 밀려든다.

하지만 그 사람의 얼굴이 무섭다는 이유로 이야기를 멈추고 무대에 주저앉을 수는 없다. 이때 청중을 둘러보면 상냥한 얼굴의 한두 명을 찾을 수 있다. 나의 시시한 이야기에도 가끔 고개를 끄덕이고 입을 손으로 가리고 웃어주는 분들 말이다. 그런 사람을 발견하면 되도록 그 사람에게 말하는 기분으로 강연을 이어간다. 그런 분을 한 명만 발견한 경우에는 다른 분께는 실례일 수 있어서, 가끔은 다카라즈카 가극단의 스타처럼은 못해도 시선을 사방으로 배분하면서 전체를 바라보려고 한다. 가장 앞줄에 앉은 아저씨와는 최대한 눈을 맞추지 않고 말이다.

그런데 신기하게도 앞줄에 앉았던 뚱한 표정의 아저씨가 실은 주최측 관계자인 경우가 많다. 강연을 끝내고 대기실에 있자면 그는 일부러 대기실로 나를 찾아와 "이야, 정말 재미있는 강연이었습니다" 하고 칭찬을 해주기도 한다. 겉으로 드러나는 태도만으로는 진짜 재미있어하는지 아닌지 알 수 없다는 것을 알았다.

살짝 이야기가 달라지는데, 누구에게 말을 걸지에 대해 귀한 조언을 받은 적이 있다. 〈정보데스크 TODAY〉라는 프로그램에서 보조를 할 때, 생방송이 끝난 후 스태프실에 돌아가 출연자와 스태프들과 반성하는 시간을 가졌다. 반성이라고 해도 그리 힘들지는 않았는데, 그런 자리에서는 아무래도 모두가 메인 캐스터의 이야기에 귀 기울이거나 프로듀서와 출연자의 대화를 가만히 듣는 경우가 많다.

그럴 때 아나운서 고지마 잇케이 씨가 자주 스태프 중에서도 가장 막내, 어제 이 프로그램에 배치되어 긴장하고 있는 젊은 친구에게 말을 걸었다.

"도시락은 먹었어? 뭐야, 막내인데 두 개나 먹었단 말이야?"

"고향은 어디야? 뭐? 소리가 작아서 안 들려. 모깃소리만 해가지고"

그렇게 말하면 그때까지 상사들에게만 향하던 스태프 전원의 시선이 곧장 신입에게로 돌아간다. 그러면 중간급 디렉터나 보조 디렉터가 저마다 한마디씩 한다.

나는 여기서 교훈을 얻었다. 회식이나 회의 자리는 아무래도 주요 인물들의 대화로 흘러가기 쉽지만, 그럴 때는 입지가 가장 약하거나 어린 사람 또는 말이 없는 사람에게 선배가 말을 걸어주면 금세 대화의 분위기가 자유로워지고 저마다 제 목소리를 내기 쉬워진다는 점이다.

우선은 잘 듣는 사람을 골라서 이야기하기
_ 사이토

정말로 말을 잘 들어주는 사람을 골라서 시선을 맞추면서 말하는 방법이 괜찮은 것 같다. 남들 앞에서 말하는 것이 어려운 사람도 잘 들어주는 사람을 한 명 찾아서 말하다 보면 점차 익숙해질 것이다.

온라인 회의 등에서도 좀처럼 의견이 나오지 않을 때가 있는데, 내가 사회인 경우 젊은 사람부터 순서대로 의견을 묻는다. 처음에 의견을 물으면 당황하는 사람도 있지만, 어떻게든 애써서 자신의 의견을 말한다. 다음 시대를 짊어질 주역은 나이 든 사람이 아니라 젊은이들이니 그들부터 차례차례 이야기하도록 하는 것은 좋은 생각인 듯하다.

⑪ 대화에
어휘력이 필요한가?

책을 읽지 않아서 큰일이라고 혼나

_ 아가와

아버지는 소설가이고 어머니는 전업주부였는데 책을 좋아하셔서 우리 집에는 책이 넘쳐났다. 그런 가정에서 자랐지만 왠지 형제 중에서도 나는 책을 좋아하지 않아서 어릴 때부터 아버지께 자주 혼이 났다.

"책을 읽지 않으면 훌륭한 사람이 못 된다"

무엇을 하든, 약속 시간에 늦어도 "그러니까 너는 책을 안 읽어서 큰일이다"라는 잔소리가 꼭 따라다녔고, 이것이 나의 가장 큰 콤플렉스였다. 나 역시 책을 읽는 사람이 되고 싶었기 때문에 되도록 글자가 적고 삽화가 많은 책을 골라서 읽어보았지만, 금세 졸음이 쏟아지거나 배가 아파서

책과 친해지지 못한 채로 어른이 되었다.

지금 충분히 나이를 먹고도 때때로 '책을 안 읽어서 어휘가 부족한 것은 아닌가' 하고 불안할 때가 있다. 훌륭한 사람이 못 된 것도 책을 읽지 않은 탓으로 여겨진다. 어쩐지 사이토 선생께 고민을 호소하는 독자 같은 느낌이지만, 어떻게 생각하는가?

대화를 들어보면 어휘력을 알 수 있어
_사이토

아가와 씨의 경우 아버님이 너무 뛰어나신 것이다. 나도 대담을 해본 적이 있는데 굉장한 어휘력의 소유자셨다.

본인은 딱히 책을 읽지 않아도 가족 중에 책을 읽는 사람이 있으면 대화 중에 사자성어 등의 어휘가 자주 등장한다.

일상적인 회화라면 '날씨 좋네요' 하고 끝내도 되지만, 지적인 대화나 고도의 대화를 위해서는 어느 정도 어휘가 필요하다. 어휘력에 따라 대화의 수준이 드러나기도 한다.

역시 책을 많이 읽는 사람의 어휘력은 풍부하다. 보통의 대화만으로도 그 사람의 독서량을 알아차릴 수 있다. 특히 학생의 경우에는 그런 경향이 두드러져서, 이야기할 때 책에 등장하는 말을 사용하는 학생은 독서하는 부류임을 알 수 있다. 연예인의 코멘트에서도 책을 즐겨 읽는 사람은 그렇지 않은 사람과 차이가 난다.

독서를 하면 그만큼 어휘의 폭이 넓어진다. 어려운 한자나 사자성어 등도 빈번히 사용한다. 책을 읽으면 아는 한자가 늘어나고 어휘력이 길러지기 때문이다.

반대로 어느 정도의 어휘력이 없으면, 말하는 것만 들어서는 무슨 이야기를 하는지 모를 때도 있다. 특히 동음이의어가 많은 언어를 사용하는 문화권이다 보니 어휘력에 기초한 한자 변환능력이 없으면 이야기가 통하지 않기도 한다.

여기서 어휘란 한자나 사자성어만을 의미하지는 않는다. 지금은 컴퓨터나 인터넷 관련 외래어가 점차 늘어나서 의미를 모르면 잘 활용할 수 없는 시대다. 또 뉴스에서도 다이버시티, 에비던스 등 외래어가 범람하고 있다.

이는 시대적 흐름이니 일정 부분 어쩔 수 없지만, 그런 외래어를 우리말로 번역해서 이해하는 노력에 소홀하다는 느낌도 든다. 일일이 번역하지 않고 그대로 사용하는 편이 이해하기 쉬울 때도 있지만, 익숙한 언어로 변환하는 작업은 그 말이 의미하는 바를 똑바로 이해하는 데 도움이 된다. 전문용어 등에 대해서는 어떻게 생각하는가?

⑫ 전문용어나 업계용어 사용의 폐해

내가 정말로 알고 있는가?

_아가와

방송 일을 막 시작했을 때 일기예보를 담당했다. 당시에는 기상 캐스터 자격이 없어도 프로그램 내에서 일기예보를 할 수 있었다. 날씨 코너는 아직 스튜디오 일에 익숙하지 않은 신입 아나운서의 등용문 같은 자리기도 했다. 물론 기상청이나 기상협회의 전문가로부터 수업을 들어야 했고, 매일 팩스로 데이터를 받아서 담당 코너의 시간에 맞춰 코멘트를 작성했다. 코멘트뿐만 아니라 나는 직접 일기도를 그리기도 했다. 차츰 카메라에 대고 명료하게 말하는 연습을 했다.

날씨를 전달하는 코멘트에 꽤 익숙해졌을 무렵, 프로그

램 메인 캐스터가 나를 부르더니 이렇게 물었다.

"자네는 대기가 불안정하다는 말을 자주 쓰는데 그건 무슨 뜻이지?"

새삼 질문을 받으니 어떻게 설명할지 막막했다.

"어, 그건 대기가 안정되지 않았다는 뜻인데…."

"그걸로는 설명이 안돼."

혼이 났다. 또 다른 날 질문이 날아들었다.

"장마전선이 뭐지?"

"아, 장마가 올 무렵의 전선 아닐까요?"

필사적으로 대답을 찾으면서 새삼스레 이런 질문을 왜 하는지 의문스러웠는데, 그가 말했다.

"전문용어나 업계용어는 각자 업계 내에서 편리하니까 쓰는 거야. 그걸 제대로 이해하지 못한 채 프로라도 된 양 뽐내듯 마음대로 쓰는 건 좀 아니지 않나. 모르는 사람에게 쉽게 이해할 수 있는 말로 바꿔서 설명할 수 있을 정도가 아니면, 그런 용어를 쓸 자격이 없지!"

맞는 말씀이었다.

실제로 머리가 정말 좋은 전문가는 계속해서 전문용어를 연발하거나 어려운 말을 늘어놓지 않는다. 상대방이 유치원생이면 유치원생이 이해할 만한 말을 고르고, 같은 직종의 종사자라면 따로 설명할 필요도 없는 말로 이야기하는 법이다.

대화에서 누군가가 소외되지 않도록
_사이토

보통의 사람이 이해할 수 있도록 말하는 것은 중요하다. 전문용어나 업계용어를 많이 쓰면 '소외당하는' 사람이 생길 수 있다. 예컨대 네 명이 대화 중인데, 세 명은 같은 업계 종사자이고 한 명만 다른 일을 한다고 해보자. 무심코 세 명이 업계의 전문용어를 사용하기 쉬운데, 그러면 한 명은 소외되기 쉽다.

대학 수업에서도 마찬가지로 4인 1조로 그룹 활동을 할 때 그중 셋이 친하면 나머지 한 명이 소외된다. 세 명이 자신들만의 언어로 말하면 나머지 한 명은 대화에 낄 수가 없다. 이럴 때는 다수파 중 한 명이 중개역할을 하여 소수파도 알 수 있는 이야기를 화제로 삼는 센스를 발휘하는 것이 좋다.

모르는 사람에게 어떤 태도를 취할 것인가
_아가와

소외시키려는 것은 아니지만, 몇몇이 이야기를 하고 있을 때 한 사람만 침묵하는 경우가 있다. 가만있는 이유는 여러 가지겠지만, 대체로 사람들의 말을 이해하지 못하거나 전혀 관심이 없거나 모른다는 사실을 알리고 싶지 않아서일 것이다.

그런 상황에서 가만있는 사람에게 자연스럽게 "이런 일이 있는데 말이야. 최근에 뉴스에도 잠깐 나왔어. 뭐냐면……" 하고 이해하기 쉽게 설명해주는 사람이 있다. 나는 그럴 때면 감동한다. 그 사람은 절대 "이런 것도 몰라?"라며 조용히 있는 사람을 무시하는 태도를 취하지 않는다. 또한 "어쩔 수 없네. 지금부터 설명을 해줘야겠구먼!" 하고 아는 척하지도 않는다. 그저 모르는 사람이 대화에 참여하기 쉽도록 말해줄 뿐이다. 그렇게 도량이 넓은 사람을 보면 나도 모르게 반해버린다.

Chapter 1 요약

- 대화에서도 눈을 통한 커뮤니케이션이 중요하다.

- 듣는 이가 맞장구를 치면 화자가 안심하고 이야기할 수 있다.

- 상대방에 대해 어느 정도 알아두면 대화가 깊어진다.

- 상대방과 공통점이나 접점이 있으면 대화를 시작하기 수월하다.

- 상대방의 모습이나 상황을 관찰하며 대화를 시작한다.

- 좋은 대화를 위해 화제를 던지는 역할과 이어가는 역할이 필요하다.

- 핵심으로 이어지는 사설을 되도록 30초 정도의 시간 내에 말한다.

- 이야기할 것이나 물어볼 내용을 세 가지는 준비한다.

- 의외성이나 간극이 상대방으로 하여금 이야기를 잘 듣게 하는 계기가

  된다.

- 전문용어나 업계용어는 듣는 사람을 소외시킬 위험이 있다.

Chapter 2
대화를 심화시키다

① '~라고 하니까 말인데' 방식으로
대화를 이어가다

'~라고 하니까 말인데'를 이용하면 계속되는 대화
_ 아가와

지금은 고인이 된 일러스트레이터 나가토모 케이스케 씨와 나는 종종 골프를 함께했다. 나이와 하는 일, 태어나고 자란 환경도 전혀 다르지만 처음 만났을 때부터 왠지 마음이 맞았다. 우리가 이야기를 시작하면 끝날 줄을 몰라서 주위 사람들이 "무슨 할 얘기가 그렇게 많아?" 하고 놀라워했다. 실제로 나가토모 씨와 이야기를 나누다 보면 대화가 점점 더 재미있어졌다. 그야말로 수다 대항전을 하듯이 말이다.

예를 들어 나가토모 씨가 "옛날에 플로리다에서 교통사고가 났는데, 정말 죽는 줄 알았어요"라고 이야기한다. 놀라서 이야기에 빠져드는 사이에 "플로리다라고 하니 저도 이런 일이 있었어요" 하고 내 이야기를 나누고 싶어진다. "플로리다에서 식당에 들어갔는데…" 하고. 그러면 이번에는 나가토모 씨가 "식당 이야기를 하니까 말인데…"라며 레스토랑에서 있었던 이야기로 화제를 옮겨간다. 그 속에서 디저트 이야기가 나오면 "맞다, 디저트라고 하니까 말인데 얼마 전에 말이에요" 하고 내가 바통을 이어받아 또 다른 이야기를 펼치는 식이었다.

그렇게 나가토모 씨와 즐거운 대화를 거듭하며 웃고 놀라고 때로는 슬픔에 잠기는 사이 운전을 하던 나는 깜빡 길을 잘못 들어 골프장에 늦게 도착하기도 했다. 주위 사람들에게 "두 사람이 애들도 아니고" 하고 혼이 났는데, 나는 나가토모 씨와 대화를 나눌 때면 정말로 어린 시절로 돌아간 듯이 즐거웠다. 그 대화의 묘미는 나가토모 씨와의 기적의 보물이라 여기고 있다.

'~라고 하니까 말인데'는 상대방을 긍정하는 말

_사이토

두 분의 이야기는 '~라고 하니까 말인데' 화법으로 분위기가 고조된 좋은 예다. '~라고 하니까 말인데' 방식은 캐치볼을 주고받듯이 대화를 이어가는 실로 효과적인 기술이다. 우선 상대방의 이야기를 듣고, 그것을 '~라고 하니까 말인데'라는 말로 이어받아 내 이야기로 연결하는 방식이다. 상대방의 이야기를 받아들이니 상대는 자신의 이야기에 수긍했다고 여기고 안심하며 만족한다. 그런 기분은 자신도 이야기를 잘 들어야겠다는 마음으로 이어지고 더 대화하고 싶도록 만든다.

즉, '~라고 하니까 말인데'는 '당신이 하는 말을 잘 알아들었어요'라는 긍정과 수락을 전달하는 신호로 작용하고, '이제는 제가 이야기를 해볼게요' 하고 자신의 이야기에 귀 기울이도록 하는 계기가 된다.

대학교 수업에서 이런 시도를 해보았다. 네 명이 한 조를 이루어 첫 사람에게 15초 동안 자유롭게 말하게 한다. 15초가 지나면 이번에는 다른 사람이 앞 사람의 이야기를 주워서 '~라고 하니까 말인데'라는 표현으로 역시 15초 동안 자신의 이야기를 한다. 그렇게 이야기가 열 바퀴 정도 돌아가도록 한다.

이런 방식을 쓰면 자신이 무엇을 말할지 미리 정해둘 수가 없다. 앞 사람의 이야기를 듣는 15초 동안에 그 사람의 이야기에 나오는 말과 연관된 자신의 에피소드를 떠올리고 말해야 하기 때문이다. 즉, 대화의 반사 신경이 단련된다. 학생들에게서 "처음에는 익숙하지 않아 어려웠어요. 그런데 '~라고 하니까 말인데'를 쓰다 보니 의외로 대화가 잘 이어져서 놀랐어요"라는 소감을 많이 들었다.

이런 방식의 수업을 떠올린 것은 후지 텔레비전의 〈전력! 탈력 타임즈〉라는 프로그램에 코멘테이터로 출연하면서다. 그 프로그램에서는 개그맨 등 게스트의 발언에 대해 코멘테이터가 그 이야기에 등장하는 말을 주워 '~라고 하니까 말인데'라고 말한 후, 상대의 발언 내용과는 전혀 무관한 자신의 전문 분야 지식을 장황하게 말한다. '~라고 하니까 말인데'를 역으로 이용한 개그인데, 이렇게 해도 대화가 이어지는 것이 흥미로웠다.

또 하나의 계기는 〈전력! 탈력 타임즈〉보다 먼저 출연했던 TBS의 〈아사찬!〉이다. 거기서 나는 1년 동안 사회를 보았는데, 그날의 조간신문을 네다섯 장 펼쳐두고 뉴스에 대해 코멘트하는 코너가 있었다. 함께 진행하는 아나운서가 "이 기사에 대해서는 어떻게 생각하시나요?" 하고 질문을 던지면 내가 무언가 코멘트를 하는 방식이었다.

이때는 사전 미팅이 없었기에 담당 아나운서가 무엇을 물을지 나로서는 알 수 없었고, 그 역시 내가 뭐라고 답할지 몰랐다. 하지만 내가 질문에 대해 코멘트하면 그것을 듣고서 바로 '~라고 하니까 말인데 이런 뉴스가 있는데' 하고 실로 무난하게 다음 뉴스로 연결했다. 흐름이 너무나도 자연스러워서 참으로 놀랐다. "정말 대단하세요. 어쩜 그렇게 잘 이어가세요!" 하고 방송 후에 그에게 감탄하며 말했을 정도다.

이 두 가지 체험 후 나는 학생들도 연습만 하면 가능할지도 모른다고 생각했다. 이런 수업을 통해 학생들에게 '~라고 하니까 말인데' 방식을 사용하면 대화는 계속 이어진다는 사실을 알려주고 싶었다.

대화의 만능열쇠, '~라고 하니까 말인데'
_아가와

대화에서 '~라고 하니까 말인데'는 일종의 만능열쇠가 아닐까 생각한다. 이야기의 방향을 마음대로 바꾸는 것이 아니라, '이야기 잘 들었다. 당신의 이야기에서 힌트를 찾은 것인데…' 하고 말을 시작하면 상대방의 기분이 상하지도 않고 원만한 대화가 진행된다.

내가 인터뷰할 때도 더러 이야기가 다른 주제로 빠지거나, 듣고 싶은 이야기를 어떻게 물어야 할지 타이밍을 못 잡을 때가 있다. 그럴 때 상대방의 이야기에 등장한 한 단어가 도움이 되기도 한다. 예를 들어 상대방의 어린 시절의 이야기를 묻고 싶은데, 좀처럼 이야기가 그 방향으로 흘러가지 않는 상황을 가정해보자. 상대방이 일 이야기 중간에 "이번에 규슈에 새로운 점포를 내려고 합니다"라는 한 마디가 나오면 이를 놓치지 않고 묻는다.

"규슈라고 하니 생각났는데, 혹시 고향이 후쿠오카 아니었나요?"

이런 식이다. 이런 흐름으로 대화를 바꾸면 상대방도 자연스럽게 이야기에 응한다.

어른의 대화력을 보여주는 척도,
'~라고 하니까 말인데'
_사이토

이야기를 되돌릴 때도 사용할 수 있다. 상대방의 이야기에 등장한 단어를 사용해 '~라고 하니까 말인데'라는 형태로 대화를 이어가는 힘, 어떤 의미에서 보면 이것이 바로 어른의 대화력 아닐까. 아이들은 그것이 불가능하다. 어른 중에도 그리하지 못하는 사람이 있는데, 그런 사람은 대화 쪽에서는 아이 같은 면이 있다고 볼 수 있다. 그러니 간단히 '어른의 대화력=~라고 하니까 말인데'라고 공식화할 수 있겠다.

'편하지 않은 사람과 대화할 때는 어떻게 해야 할까요?'라는 질문을 받을 때가 있다. 이런 사람은 상대방에게 위압감을 느껴 자유롭게 발언하지 못하니 불편을 느끼는 경우가 많다. 그럴 때는 상대방이 한 이야기에 나온 단어를 사용해 '~라고 하니까 말인데'로 표현하면서 자신의 이야기로 이어가면 스트레스를 꽤 줄일 수 있을 것이다.

'~라고 하니까 말인데'라는 표현을 썼다고 해서 반드시 상대방의 이야기와 연결해야 하는 것은 아니다. '~라고 하니까 말인데'를 사용해 우선은 '내가 당신의 이야기를 잘 듣고 수긍하고 있다'는 신호를 전달하는 것이 중요하다.

② 대화에서의 부정을 어떻게 받아들일까?

대화를 발전시키기 위해 '부정'이 존재한다
_사이토

'~라고 하니까 말인데' 방식은 대립을 만들지 않고 대화의 방향을 조금씩 바꾸는 전술이기도 하다. 우선 상대방의 이야기를 긍정하며 협조적인 태도를 보인 후 서서히 자신의 의견을 피력하는 쪽이 정신건강상으로도 좋다 싶다.

대화를 발전시키는 방법으로 일부러 부정적인 의견을 내세우는, 고대 그리스에서 유래한 대화기술에 바탕을 둔 서양인과 달리 우리는 무슨 일이든 자신이 부정당하는 것을 싫어한다.

고대 그리스에서는 소크라테스나 플라톤에 의해 대화의 기술이 발전했다. 이를 영어로 '다이얼로그(dialogue)'라고 하는데, 누군가가 A라고 말하면 다른 사람은 일단 그 반대인 B를 말해 진실을 추구하거나 의미를 규정하기 위한 대화를 진행하는 방식이다. 누군가가 A라고 말했는데 다른 사람도 A라고 하면 대화는 거기서 끝난다. 더욱 깊어지거나 발전하지 않는다. 이처럼 대화란 고대 그리스 시대에 발전한 문화적이고 지적인 토론술의 일종이다.

그것이 나중에는 '변증법(dialectic)'으로 발전했다. 이는 테제라고 불리는 명제가 있으면, 그에 대해 안티테제라고 불리는 반대 명제를 제시하여 대화를 통해 고차원의 수준에서 통일함으로써 새로운 질서나 가치를 만들어내는 것을 말한다. '정-반-합'이라는 형태로 표현되기도 한다.

즉, 대화란 원래가 진실을 규명하거나 무언가 새로운 것을 만들어내기 위한 창조적 행위다. 그러기 위해서 굳이 상대방의 주장에 반론을 제기하는 것이다. 딱히 상대방을 제압하기 위해 반대 의견을 내는 것은 아니다.

그러니 반대 의견을 말하는 사람은 본래 좋은 대화를 성립시키기 위한 협력자라고 보면 된다. 그런데 우리는 이러한 '일부러 부정하기'를 꺼린다. 그렇게 보자면 변증법적인 대화, 일부러 모순을 제시하여 대화를 진행하는 문화가 정착되지 않은 것 같은데, 어떻게 생각하는가?

상대방의 감정을 자극하지 않으려는 민족성

_아가와

일리가 있다. 우리는 정말로 상대에게 화가 나서 싸울 생각이 아니라면, 눈앞의 사람과 의견이나 입장이 대립되는 것을 노골적으로 드러내지 않으려고 한다.

이야기의 시작이나 끝을 애매하게 처리하는 것도 그런 마음이 표현된 게 아닐까. 누군가의 발언에 대해 '나는 완전히 반대 의견을 갖고 있다'고 분명하게 말하기보다는 '나는 생각이 살짝 다르다'거나 '말씀을 이해하지 못하는 바는 아니지만, 한 가지…' 하고 조심스레 이론을 전달한다. 잘 들어보면 '살짝'이나 '한 가지' 정도가 아니라 전혀 다른 의견을 말하면서 말이다.

문장의 끝을 '~일지도 모른다', '~라고 생각하지 않는 건 아니다', '~을 나쁘다고만은 할 수 없지만', '싫어하는 것은 아니다', '조금 다른가 싶은 생각도 한다' 등 긍정인지 부정인지 알 수 없는 완곡한 화법을 사용하는 것도 우리의 특징이다.

우리가 이런 화법을 선호하는 배경으로 '마을 공동체 생활에서 소외되지 않기 위한 처세술 중 하나'라는 분석도 있는데, 이와 더불어 언어 형성에 관한 문제도 연관되어 있다고 본다. 사회가 구성되고 언어가 형성된 것일지도. 어느 것이 먼저인지는 잘 모르겠다.

대학의 언어학 강의 중에 재미있는 수업이 있었다.

서양의 말은 주어 다음에 긍정인지 부정인지를 곧장 말한다. '나'라는 주어 뒤에 좋은지 싫은지를 즉시 결정해서 말해야 대화가 된다. 그런데 우리는 긍정인지 부정인지를 말의 끝에 정할 수 있다. 그래서 말을 해나가면서 긍정 혹은 부정을 선택하면 된다.

구체적인 예를 들어보자. 퇴근길에 상사와 한잔하러 갔다. "주문하시겠어요?"라는 점원의 물음에 부하직원이 센스를 발휘해 "퇴근 후에는 뭐니 뭐니 해도 맥주…?"하며 상사의 표정을 살핀다. 표정이 좋으면 그대로 "맥주지요!"하고 힘차게 말하지만, 상사의 표정이 동의하지 않아 보이는 기색이라면 "맥주는 너무 식상하지요. 부장님은 와인을 좋아하시기도 하고"라며 곧장 의견을 뒤집을 수 있다. 즉, 우리말은 상대방의 안색을 살피고 자리의 분위기를 읽으면서 자신의 의견을 조정할 수 있는 형태라는 이야기다.

나 자신의 언동을 생각해봐도 그런 경향은 사실인 듯하다. 좋은 의미로 보자면 상대방의 마음을 배려하는 것이고, 나쁜 의미로 보자면 자기 의견이 없는 셈이다. 하지만 언어 형성의 기본부터 그런 표현방식을 편하게 여기니 이 역시 문화라고 생각한다. 너무 애매하게 말하는 것은 좀 그렇지만, 서양식으로 강하게 표현하려고 할 필요는 없겠다. 어떤 가? 나는 많이 애매한 쪽이다.

자기 주장이 강하지 않고 상대에게 잘 맞춘다고 말하면서도 상대방의 의견에 부정적인 반응을 보이는 예도 적지 않다. 갑자기 내 이야기를 해서 죄송하지만, 나는 대담을 나누는 중에 '그래도'라는 접속어를 자주 사용하는 습관이 있다. 무의식적으로 말하기 때문에 자각하지 못할 때가 많은데, 나중에 대화를 글로 옮겨보면 수시로 사용한다는 사실을 깨닫는다.

나로서는 딱히 상대방의 말을 부정할 의도도 없고 반대 의견을 말하려고 사용하는 것도 아니지만 왠지 자주 쓰게 되는 접속어다.

예를 들어 상대방이 "저는 과자를 정말 좋아해서 하루에 하나는 꼭 먹는 것 같아요"라고 하면 "그래도 그런 것 치고는 전혀 살이 찌지 않으셨어요" 하고 반응하는 식이다.

이 경우에는 잘못 사용한 것은 아닌 듯싶다. 그런데 상대방이 자신의 취미에 대해 즐겁게 이야기하는 도중에 "그런데 일은 잘되고 계신가요?" 하고 질문한다면 상대는 내심 '아, 내 취미 이야기가 재미없었구나' 하고 조금은 상처를 입을지도 모른다. 나는 딱히 재미없다고 생각한 것도 아니고 일 이야기가 궁금했을 뿐이지만, 상대는 그렇게 받아들일 우려가 있다.

내가 상대방의 처지가 되면 이러한 심경을 잘 이해할 수 있다.

학창시절에 '그게 아니라'라는 말을 접두어 대신 사용하는 친구가 있었다. 그녀는 아마도 내 이야기에 살짝 변화를 주고 싶거나, 자기 자신의 말로 표현하고 싶었는지도 모른다. 그런데 처음부터 '그게 아니라'라는 말로 내 이야기가 차단당하면 '어? 아니라고?' 하며 놀란다. 물론 그녀와 이야기를 나누다 보면 결국 내 의견과 같음을 깨닫고 울컥할 때가 더러 있었다.

'그러니까, 그래서'라는 말을 입버릇처럼 하는 친구도 있었다. 상대방을 부정할 의도는 없었겠지만, 듣는 사람은 '그러니까 아까도 말했잖아. 안 듣고 뭐 했어?' 하고 혼나는 것 같아 기분이 별로 좋지 않다.

말하는 사람이 상대를 부정하려는 의도가 없어도 사소한 표현 하나가 상대방의 기분을 좌우할 수 있으니, 주의해야겠다.

❸ '답정녀'와는 대화가 안돼

'네, 알겠습니다. 그런데…'라고 말하는 문화

_ 아가와

우리 민족은 대체로 토론에 약하다는 이야기를 듣는다. 이야기 상대가 자신의 의견을 부정하면 미움을 샀다고 여기기도 한다. 미움을 샀다고 생각하면 그 사람과의 대화가 즐겁지 않고, 자신을 부정한다고 생각하니 굳이 대화할 마음도 없어진다.

한 미국인의 말에 놀란 적이 있다.

"그런 일로 일일이 걱정할 것 없어. 사람은 누구나 의견이 다른 법이야. 태어나 자란 환경도 다르고 문화도 다르니 의견이 안 맞는 건 당연해. 의견이 다르다는 전제하에 대화하는 것이 중요하니, 한번 부정당했다고 기분 나빠하는 건

옳지 않아."

구구절절 옳은 말이다. 그런데 나도 모르게 감정이 움직인다.

애당초 대화를 할 때 우선은 '맞는 말씀이다'라고 상대방의 의견을 긍정한 후, '하지만 그렇게 할 수는 없다'고 부정하는 식으로 진행할 수 있다. 긍정하고 다시 부정하는 것. 그런데 서양인들은 이런 성향을 도무지 이해하기 힘들어한다.

"처음에 좋다고 했잖아요? 그때 이미 협상한 거 아닌가요? 그러고선 이제 와서 안된다니, 무슨 말인가요?"

우리는 노골적으로 상대방의 의견에 반론하는 것을 선호하지 않는다. 반론을 제기하면 화를 낼지 모른다고 여기고 두려워한다. 그래서 일단은 '알겠다'며 상대방을 이해하는 태도를 보이고, 나중에 조금씩 자신의 주장을 내세우는 방법이 예의에 맞는 대화법이라고 여기는 경향이 있다.

반대 의견을 통한 깨달음도 있어
_사이토

공감해주는 것을 매너라고 여기는 경향이 있는 듯하다. 우리는 반대 의견을 말하는 것만으로도 대립으로 받아들인다. 반대 의견을 듣는 순간 '이 사람은 적'이라 여기고 상대방의 이야기를 들으려고 하지 않는다. '부정'을 창조적인 지적 행위로 보지 않고 단순한 감정 문제로 받아들이는 것이다.

대화란 본래 두 사람 이상이 협력하여 무언가를 만들어 내는 협력 활동이다. 대화 중에 상대방과 반대 의견을 말해도 그것은 무언가를 생성하기 위해서다.

텔레비전 토론 프로그램을 봐도 두 종류로 나뉜다. 하나는 상대방의 반대 의견에서 '깨달음'을 얻고 새로운 대화를 전개하는 유형이다. 그에 반해 서로 하고 싶은 말만 하며 대립하다가 아무 성과 없이 끝나는 토론도 있다.

남의 이야기를 듣지 않는 '답정너' 유형
_ 아가와

그러고 보니 내가 사회를 보는 〈비토 다케시의 TV 태클〉에서도 가끔 그런 논객을 마주한다. 시간이 한정된 탓도 있겠지만, 무조건 자신의 주장만 소리 높여 외친다. 다른 논객이 무슨 반론을 펴든 들은 척도 하지 않고 제 말만 한다. 가끔 다른 사람에게 '논리가 전혀 없어'라는 소리를 듣거나 '바보 같은 의견'이라고 완전히 부정당하면 갑자기 화를 내며 표정이 달라진다.

물론 그 프로그램은 그런 인간적인 면모까지 드러나는

점이 재미의 요소라서 논객이 감정적으로 반응하도록 사회자가 부추길 때도 있지만, 이것을 토론이라고 할 수 있을지는 의문이다.

가끔 이런 생각을 한다. 남의 말에 전혀 귀 기울이지 않는 사람은 아마도 처음부터 남의 의견을 받아들일 마음이 전혀 없었고, 자기 안에서 이미 결론을 내지 않았을까. 답이 정해진 상태로 사람들과 의견 교환을 해본들 무슨 발견과 깨달음이 있겠는가. 자신의 의견은 대략 이렇게 정했는데, 남들의 의견을 들어보니 그것도 일리 있다 싶어서 자신이 잘못 생각한 부분을 수정하려는 사람은 거의 없다.

예전에 공공기관에서 주최하는 '○○ 심의회'에 참석한 적이 있는데 정말 놀랐다.

몇몇 안건에 대해 담당자가 보고를 하고 참석한 심의위원들에게 의견을 묻는다.

"이번 보고에 대해 의견 있으신가요?"

그러면 한 사람씩 각자의 의견을 발표한다. 거기에는 찬성하는 사람도 있고 다소 반대 의견을 가진 사람도 있다. 새로운 아이디어를 내놓는 사람도 있다. 하지만 전원이 돌아가며 발언을 마친 후 "그러면 이번 안건에 대해서는 승인하시는 걸까요?"라는 사회자의 재촉에 전원이 고개를 끄덕이거나 박수를 치고는 끝낸다.

'응? 아까 나온 의견과 아이디어는 어떻게 되는 거지?'

그런 생각이 무색하게도 각각의 의견을 바탕으로 삼아 대화가 발전할 기미는 전혀 없이 다음 안건이 진행된다.

이건 도대체 무얼까? 이렇게 하고도 깊이 있는 '심의'를 했다고 할 수 있는가? 나는 지금도 이해되지 않는다. 기껏 발언한 내용에 대해 부정도 아닌 무시라니, 참석할 의미가 없다고 생각해 더 이상은 그런 종류의 심의회에 참석하지 않기로 마음먹었다. 그야말로 '답정너'의 의견교환회였다.

결론이나 목표가 보이지 않으니 대화가 필요한 것
_ 사이토

처음부터 결론이 정해져 있다면 대화가 될 수 없다. 대화란 본래 결론이 어떻게 될지 모르고, 목표가 보이지 않는 상태에서 하는 것이다.

왜냐하면 대화는 일상 회화와 달리 무언가를 만들어내고, 문제를 발견해서 해결하려는 의지에 기반한 것이기 때문이다. 그러려면 미리 답을 정해둘 것이 아니라, '이런 의견이 있으니 이렇게 해보면 어떨까?' 하고 이야기하여 결론을 도출해야만 의미가 있다.

④ 대화를 활성화하는
   좋은 질문이란?

가급적 구체적인 질문을 던져라
_ 사이토

'누구든 연습을 통해 질문을 잘 할 수 있다'는 주제로
《질문의 힘》이라는 책을 쓴 적이 있다. 거기서도 강조했지
만, '좋은 질문'은 구체적이고 본질적이어야 한다.

쉽게 말하면 대화 상대가 말하고자 하는 것, 궁금해하는
것을 구체적으로 물으면 된다. 이야기하고 싶은 것을 높은
곳에 저장해둔 물에 비유해보자. 거기에 수로를 만들어주
는 질문을 하면 상대방은 물 흐르듯이 대답해줄 것이다.

예컨대 대화 상대에게 자녀의 시험 결과에 대해 묻는 경
우, 그 자녀가 시험에 떨어졌다면 분명 이야기하고 싶지 않
을 것이다. 반대로 합격 사실을 이미 안다면 '축하드립니

다. 학교가 어디였지요?' 하고 물어보라. 막힘 없이 대답해 줄 터이다.

즉, 어느 정도 상대방의 상황과 흥미, 관심에 대해 파악해두면 좋은 질문을 할 가능성이 커진다. 내 경우에는 개를 키우다 보니 개에 관한 질문이 반갑다. 상대방도 개를 좋아하면 그에 대한 대화가 무르익는다.

추상적인 질문을 하면 대화는 순식간에 끝나버리기도 한다. 그에 반해 구체적인 질문을 던지면 깊이 있는 대화로 가는 길이 열린다. 구체적인 질문을 하면 상대방이 이야기의 초점을 맞추기도 쉽다.

이 사람에게도 초등학생이던 시절이 있을 터
_ 아가와

나는 직업상 여러 직종과 분야의 사람들을 만나서 인터뷰를 한다. 하지만 솔직히 어떤 분야의 사람을 만나도 '이 분야에 대해서만큼은 나도 잘 안다'며 여유를 갖고 인터뷰할 수 있는 경우는 거의 없었다.

예를 들어보자. 나는 어렸을 때부터 스포츠란 직접 하는 것이지 보는 것이 아니라고 생각할 정도로 스포츠를 좋아했다. 하지만 스포츠를 직접 관람한 적이 별로 없어서 운동선수를 만날 때면 해당 스포츠의 규칙부터 공부하고, 역사, 수많은 명시합, 각각의 장면에 대해 찾고 암기해야 했다. 처음에는 필사적으로 외워서 '당신이 출전한 그 시합에서 참 훌륭한 성적을 거두지 않았냐?'며 자연스레 아는 체하며 질문했지만, 오히려 역효과만 났다. 아무리 아는 척을 해도 듣는 사람은 '아, 이 사람은 내 시합을 보지 않았구나' 하고 금세 알아차리기 때문이다.

한번은 와카다카 붐(일본 스모계의 초특급 유망주였던 와카노하나, 다카노하나 형제가 스모 프로 리그에서 가장 높은 지위인 요코즈나에 등극하며 많은 사랑을 받았다)이 일었을 때 스모 선수인 다카노하나 선수를 만났다. 당연히 스모에 대해 잘 몰랐던 나는 당일 새벽까지 수험생 모드였다. 낯선 스모 용어를 머릿속에 겨우 집어넣고 시작한 인터뷰는 순조로운 듯했다. 여러 이야기를 나누며 놀라기도 하고 납득도 한 나는 마지막으로 한 가지 질문을 던졌다.

"그럼 마지막으로, 시즌에 임하는 포부를 여쭤봐도 될까요?"

그러자 지금까지 진지한 표정으로 성실히 답해주던 다카노하나 선수가 '피식' 웃음을 터뜨리는 것이 아닌가. 그날 처음 보인 웃음이었다. 당황한 내가 "어째서 웃으시는 건가요?" 하고 묻자 "그야 지금에서야 아가와 씨가 스모에 관한 질문을 하니까요"라는 것이다.

즉, 나는 그때까지 두 시간의 대담 동안 그에게 스모에 관한 질문을 하나도 하지 않은 것이다. 인터뷰어가 스모에 대해 아무것도 모른다는 걸 그는 처음부터 알아차렸던 것이다. 그렇게 무지한 내가 처음으로 스모 기자처럼 질문을 던졌으니 얼마나 웃겼을까?

그 후로 나는 그런 식의 노력을 그만두었다. 물론 상대방에게 실례가 되지 않도록 최소한의 사전 공부는 필요하다. 하지만 수십 년 전부터 알고 있었다는 듯한 '아는 척'은 그만두고 "제가 공부를 좀 했는데도 모르는 것이 많습니다" 하고 솔직하게 승부하기로 했다. 그런 후 '해당 전문 분야에 대해 몰라도 흥미를 느낄 수 있는 질문'을 던지려고 애쓴다. 아무리 멋진 성적을 남긴 선수라도 희로애락의 감정은 지니고 있다. 그 감정의 원점을 찾아가려면 인간적으로 다가가야 한다.

가끔 '위축될 정도로 무서운 사람이나 긴장되는 사람을 만날 때는 어떻게 하나요?'라는 질문을 받는다. 나도 '오늘은 정말 무서워서 집에 가고 싶다'고 생각할 때가 있다. 그럴 때면 나 자신을 달랜다.

'이분에게도 초등학생이던 시절이 있었을 거야'

지금은 무서운 얼굴을 하고 있고 너무 대단해서 말을 걸기조차 어렵지만, 초등학생 때부터 이렇지는 않았을 것이다. 당시부터 특출나게 머리가 좋았을 수도 있고 어쩌면 전혀 눈에 띄지 않는 조용한 아이였을 수도 있다. 초등학생

시절 어떤 아이였는지를 상상하면 그 사람의 원점을 알 수 있고, 어쩌면 의외의 면을 발견할지도 모른다. 그렇게 생각하면 조금 더 편하게 질문할 수 있으리라 생각했다. 일종의 나만의 주문 같은 것이다.

대화 중에 상대에게 질문하지 않는 것은 실례
_ 사이토

'질문하기 쉽도록 만드는 주문'이라니, 재미있는 아이디어다.

상대방에게 아무 질문도 하지 않는 사람이 있는데, 상대방의 존재나 이야기에 관심이 없는 듯 보일 수 있다.

예를 들어 커플 매칭 앱을 통해 만난 남녀가 처음 데이트하는 상황을 상상해보자. 남성은 여성에게 몇 가지 질문을 했는데, 여성은 전혀 질문을 하지 않는다면 분명 상대 남성에게 관심이 없다고 유추할 수 있다.

실제로 만나보니 마음에 들지 않았을 수도 있지만, 그래도 만난 자리에서는 적당한 질문을 통해 대화를 나누고 이후에 만나지 않으면 될 일이다. 어른이니 그 정도의 사회성은 매너로 갖추는 것이 좋겠다.

사회적으로 성공한 사람들 중에는 질문을 하지 않는 유형의 인물도 꽤 있다. 예전에 한 저명인사와 대담집을 만들

기회가 있어서 6, 7시간 정도 대담을 나눴다. 그는 그 시간 동안 단 한 번도 내게 질문을 하지 않았다. 당시에는 그럴 수도 있지, 하고 심각하게 여기지 않았다. 어쨌든 서로의 질문 양이나 내용의 균형이 맞지 않으면 원만한 관계를 형성하기 어려운 것 같다.

상대방에게 질문하지 않는 사람 중에는 자신이 말하는데 빠진 나머지 상대방까지 신경을 쓰지 못하는 경우도 있다. '경영의 신'이라 불린 마쓰시타 고노스케 씨가 한 회사를 방문했을 때의 일이다. 그 회사의 사장은 자사의 공장에 대해서만 열심히 설명했다. 그렇게 시간이 흘러 회사를 떠나던 마쓰시타 고노스케 씨는 '저 사람은 왜 내게 질문을 하지 않을까?' 하고 의아했다고 한다. 자신의 회사 소개에만 열을 올릴 게 아니라, 이왕 경영의 신을 만난 김에 경영상의 고민에 대해 질문했다면 더 유익했을 텐데 말이다.

이 경우, 마쓰시타 고노스케 씨를 앞에 둔 그 사장이 너무 긴장한 탓일 수도 있다. 혹은 질문하는 것을 실례로 여겼을 수도 있다. 하지만 질문을 하는 것 자체는 실례가 아니다. 오히려 아무런 질문을 하지 않는 것이 더 큰 실례가 되기도 한다.

⑤ 자신에 대해
객관적으로 이야기할 수 있는가?

자기 자랑은 자제해야 인기를 얻는다
_아가와

만화가이자 에세이스트인 쇼지 사다오 씨를 만났을 때의 일이다. 그는 "인간이 하는 말의 80퍼센트는 자랑과 불평"이라고 말하며 크게 웃었다. 정말일까 싶었는데 이후로 다양한 사람을 만나고 이야기를 나눠보니 80퍼센트까지는 아니어도 분명 자랑이 많기는 했다.

이때 대다수는 스스로가 '자랑'을 하고 있다고 자각하지 못했다. 실제로 나 역시 그런 발언을 자주 했는지, 어느 날 쇼지 씨 앞에서 "수필가 야마모토 나쓰히코 씨와 대담을 하는데, '이렇게 대담하고 연재한 지 얼마나 되었나요?'라고 묻길래 7년째라고 대답했어요. 오래 잘 버텼다고 칭찬하실 줄 알았는데 '공부를 안 하시는군요'라고 하셔서 놀랐답니다"라고 말했다.

이 이야기를 하며 나는 쇼지 씨가 웃음을 터뜨릴 줄 알았다. 7년이나 했는데 전혀 학습된 흔적이 보이지 않는 나의 본질을 꿰뚫어 본 이야기였는데, 쇼지 씨는 정색하며 이렇게 반응했다.

"지금 그거 자랑인가요?"

절대 이 일을 오래하고 있음을 자랑할 생각은 없었다. 하지만 생각해보면 그런 마음이 티끌만큼도 없었냐고 한다면 그것은 아닌 듯하다.

참고로 대담 연재는 올해로 30년을 맞이했다. 이건 진짜 자랑이냐고? 맞다.

사람은 누구나 자신을 알아주기를 바란다. 자신에게 일어난 과거의 '좋은 이야기'의 감동을 상대방이 알아주기를 바라는 것이다. 혹은 자신이 낸 성과는 제쳐두고라도 그때의 재미있는 이야기를 하고 싶어 한다. 그렇게 서로 간에 더 깊이 교류하려는 것이다. 하지만 상대방은 그 이야기를 듣고 마음 깊이 멋지다고 여길 때도 있지만, '뭐야? 결국 또 자기 자랑이구나' 하고 기분 나쁘게 생각할지도 모른다.

영화배우 이시다 준이치 씨를 인터뷰했을 때 일이다. 그는 당시 최고의 인기를 구가하며 배우로서도 개인으로서도 상당히 주목받고 있었다. 나는 이런 질문을 던졌다.

"어떻게 해야 젊은 여성에게 인기가 있을까요?"

그러자 이시다 씨는 기분 나쁜 기색 없이 "일단은 이야기를 잘 들어야 해요"라고 대답했다.

그의 말에 따르면, 대부분의 아저씨는 젊은 여성과 만나면 자신을 싫어하지 않기를 바라면서도 자기도 모르게 선배처럼 굴려고 한다. 그래서 자기소개 대신이겠지만, 자신이 일하며 어떤 업적을 쌓았는지, 무슨 일을 해서 성공을 거뒀는지, 혹은 업무 지식 등을 상세히 이야기하려고 든다. 그런데 여성은 그런 자기 자랑에 전혀 관심이 없다. 재미없다며 밥만 얻어먹고 두 번 다시 만나주지 않는다. 반면 이시다 씨는 처음부터 자신의 일에 대한 이야기를 꺼내지는 않는다고 했다. 그보다는 그 여성이 가진 현재의 고민이나 나중에 하고 싶은 일에 대해 여러 질문을 한다. 그러면 그녀는 자신의 이야기에 관심을 갖고 들어주는 그와 얼마든지 이야기를 나누려고 한다. 일단은 그녀의 생각과 이야기를 다 들은 후에 예를 들어 그녀가 '저는 사실 스타일리스트가 되고 싶어요'라고 했다면, '내 친구 중에 멋쟁이에다 부자인 스타일리스트가 있는데' 하고 운을 띄운다. 이후의 이야기에서 설령 이시다 씨의 자랑이 아무리 이어진들 여성이 관심을 가진 내용이기에 얼마든지 들을 준비가 되는 것이다. 과연 인기 있는 남성은 듣는 능력이 남다르구나, 하고 감탄했다.

자기 자랑도 실패담도 어떻게 사용하느냐에 따라 달라
_ 사이토

이시다 씨의 이야기는 좋은 힌트가 되겠다. 자기 자랑에 대해 덧붙이자면 나는 자화자찬이 본인의 정신건강에 좋다는 지론을 갖고 있다. 자기 자랑에 대해 좀 더 관용적인 태도를 가져도 된다고 생각한다.

수업이나 강연회에서 4인 1조를 이루어 한 명당 1분씩 자기 자랑을 하게 하였다. 그러자 서로서로 사이가 상당히 좋아졌다. 모두 똑같은 시간 동안 평등하게 자기 자랑을 하니, 상대방의 자랑도 편안한 마음으로 들어주게 되는 것이다.

결국 자기 자랑이 욕을 먹는 이유는 혼자만 계속 자랑을 하고 다른 사람들은 듣고만 있어야 하기 때문이다. 그런 상황은 불쾌함을 유발한다.

자화자찬은 자기 긍정으로도 이어지니 정신건강에 좋다. 자랑을 게임처럼 만들어 참가자 전원이 자기 자랑만 하는 '자화자찬 대회'를 열어보면 재미있지 않을까. 놀라운 것은 그 자랑이 대단한 것이 아닌데도 다들 '이야~' 하고 감탄하며 듣는다는 사실이다.

자화자찬의 반대편에는 실패담이 자리하고 있다. 대개 실패담을 말할 때면 슬퍼하거나 부끄러워하지만, 적당한 실패담은 대화의 분위기를 띄우는 데 도움이 된다. 물론 그

것이 너무 비참한 내용이라면 듣는 사람이 부담스러울 수 있지만, 남에게 드러낼 만한 실패담, 예컨대 자신에게는 이미 웃을 수 있는 과거 이야기 혹은 일을 하면서 저지른 어설픈 실수 등은 대화 자리에서 인기를 얻기 쉽다.

이야기의 소재가 되는 실패담과 고생담

_아가와

나는 실패담이나 슬픈 경험이 언젠가 웃으며 이야기할 수 있는 소재가 된다고 믿는다. 실제로 여행을 생각해보면 알 수 있다. 아무런 사건도 일어나지 않은 여행은 돌아오면 금세 기억에서 지워진다. 친구들에게 여행담을 풀어놔도 그리 재미있다는 반응을 얻지 못한다. 하지만 공항에서 짐을 분실하거나, 소매치기를 당하거나, 말도 안되게 맛없는 음식을 먹은 이야기를 하면 모두가 흥미진진해하는 데다 당사자 역시 그렇게 고생한 여행은 평생 잊지 못한다. 죽지 않을 정도의 고생도 언젠가는 웃으면서 이야기할 수 있고, 양로원에 들어갈 즈음이면 이야깃거리 덕분에 인기인이 될 수도 있다. 나는 힘든 상황에 처한 사람을 이렇게 위로한다.

그리고 힘든 경험이나 실패담을 여기저기 선보이는 동안 자신의 경험을 점차 객관적 관점으로 바라보게 된다. 피

해자 의식은 옅어지고 재미있는 에피소드로 여기게 되는 것이다. 이 경지에 도달하면 이미 승리했다. 남들과 이야기하다 보면 자신만 고생한 것이 아니라는 사실을 깨달으며 기운을 내게 되고, 이야기의 반응이 좋으면 더 잘 말하기 위한 화술도 갈고닦는다. 그야말로 긍정적으로 승화시킨 실패담이라 하겠다.

동정을 바라고 하는 이야기는 사람들이 꺼려
_사이토

거리감이 줄어든 것 같다. 상대방의 반응에 따라 화술도 좋아진다. 학생들의 이야기를 들으면서도 느꼈는데, 고등학생 시절 좋아하는 사람에게 차인 경험담은 청중에게 좋은 반응을 얻는다. '크리스마스에 고백하려고 놀이동산에 데이트를 하러 갔다. 관람차가 꼭대기에 도달했을 때 고백했는데 보기 좋게 차였다'는 이야기는 본인으로서는 마음 아픈 기억이다. 하지만 객관적인 시점에서의 에피소드로 보자면 누구나 공감하고 재미있게 들을 수 있는 이야기다.

말을 잘하는 사람이란 자신을 관찰하고 이야기할 수 있는 사람이다. 자신을 객관적으로 본다는 것은 불쌍하게 보이려고 매달리거나 질척거리지 않는다는 의미다. 그렇게 행동하면 아무래도 이야기는 무거워질 수밖에 없다.

고생한 일이라도 그것이 하나의 에피소드로서 자기 안에서 객관화되어 있으면 상대방도 편안하게 들을 수 있다. 누가 들어도 동정심을 유발하려고 하는 것이 뻔한 이야기는 모두가 꺼리게 마련이다.

자신의 불행으로 분위기를 가라앉히지 말라
_ 아가와

나의 불행한 이야기로 상대방을 침울하게 만들지 않기 위해 자신의 불행을 웃으면서 말하는 것은 민족 특유의 배려다. 상대방까지 불행으로 끌어들이지 않으려는 마음에서 우러나온 행동이다.

소설가 아쿠타가와 류노스케의 단편《손수건》에 나오는 이야기를 보자. 아들의 죽음을 알려온 어머니의 태도가 언뜻 보기에 아들을 잃은 슬픔에 찬 기색이 조금도 없는 듯했다. 눈물도 보이지 않고 목소리도 담담한 데다 입가에는 옅은 미소까지 띠고 있었다. 그야말로 아무렇지 않은 일상을 이야기하는 듯했다고 주인공인 대학교수는 수상쩍게 여겼다.

하지만 교수가 바닥에 떨어진 부채를 주우려고 몸을 숙였을 때, 테이블 아래로 그 어머니의 무릎이 보였다. 어머니는 무릎 위로 손수건을 쥐고 있었는데, 그 손이 심하게 떨리는 데다 손수건을 금방이라도 찢을 듯이 쥐고 있었다. 교수는 어머니가 얼굴로는 평정심을 유지하고 웃음을 보일 만큼 담담한 태도를 취했지만, 온몸으로 슬퍼하고 있었음을 그제야 깨닫는다. 나는 이 이야기를 읽었을 때 고개를 끄덕이지 않을 수 없었다.

⑥ 좋지 않은 반응을 감수하고서라도 웃기는 이야깃거리에 도전!

말할 용기를 보장하는 리액션
_ 사이토

나는 대화에 웃음을 끌어들이는 사람의 '용기'를 높이 산다. 욕을 먹거나 반응이 시원치 않을지도 모르는데, 이를 두려워하지 않고 웃길 만한 이야기에 과감히 도전하는 셈이니 대단한 용기가 아닌가.

반응이 두려워 웃긴 이야기에 도전하지 않으면 그 대화는 차분해지지만 재미는 덜하다. 좋지 않은 반응을 감수하고라도 용기를 갖고 웃음에 도전하면 충실한 대화로 이어지기도 한다.

커뮤니케이션 수업의 일환으로, 누군가가 재미있는 이야기를 하면 실제로는 재미가 없어도 반드시 웃는 리액션을 보이도록 규칙을 부여할 때가 있다. 이는 듣는 사람의 리액션에 따라 이야기가 재미있어지기도 하고 그렇지 않기도 하다는 생각에 기초한 것이다. 그런 규칙을 정해두면 모두 안심하고 웃긴 이야기에 도전할 수 있다.

내가 가르치는 학생들 대다수는 교사를 지망한다. 실제로 학교에서 수업을 진행하자면 학생들의 이야기에 리액션을 보여야 한다. 이를 위한 훈련인데, 남의 이야기를 듣고 웃는 것은 결국 그 이야기를 긍정적으로 받아들인다는 뜻이다. 그러면 누구랄 것 없이 쉽게 말을 할 수 있다. 리액션이 상대방에게 말할 용기를 보증하는 셈이다.

웃겨야 한다는 강박관념
_아가와

개그나 유머는 어느새 일반인 사이에서도 '웃기지 못한다면 말할 자격이 없다'고 여길 만큼 일상화된 것 같다. 최근에는 '이야기에 핵심적인 웃음 포인트가 없으면 바보 취급을 당한다'며 겁을 먹는다는 소리도 들었다. 재미있게 말하는 능력이 부족한 사람으로서는 부담스러울 만하다.

실제로 어느 지역의 전철을 타보니 보통의 중고생이 대화하는 것을 듣기만 해도 '이 사람들은 전부 개그맨인가?' 싶을 정도로 재미있는 티키타카가 오갔다. 그 지역 사람들의 타고난 능력인지 혹은 환경 덕분에 길러진 기술인지 알수 없지만, 그 속도감과 빠른 두뇌 회전은 놀라울 따름이다.

예전에 도시에서 일을 시작한 그 지역 사람이 "여기 사람들과 이야기하면 심심하게 끝나요. 웃음 포인트가 없으니 어디서 반응해야 할지 몰라 처음에는 상당히 당황했답니다"라고 한 적이 있다. 역시 그들로서는 웃음 포인트가 없는 대화를 상상하기 힘든가 보다.

⑦ 정론을 내세우며
설교하려는 사람

설교가 성립하기 힘든 시대
_사이토

무슨 일에든 설교조로 나서는 사람이 있다. 그런데 요즘은 아무리 열심히 설교해도 받아들여지지 않는 시대라는 점을 분명히 말씀드린다. 이전에는 '설교의 달인' 같은 사람이 있고 나름대로 귀 기울여 들을 만한 가치가 있었다.

설교가 효과를 가지려면 어느 정도 문화적 가치관이나 사회적 상식이 공유되어야만 한다. 하지만 지금은 많은 것이 변화하는 속에서 그런 전제가 무너지고 있다. 그만큼 설교가 성립하기 힘든 시대라 하겠다.

설교하는 사람이 근거로 삼는 것은 이른바 '정론'이다. 틈만 나면 설교하려 드는 사람은 틈만 나면 정론을 내세우는 사람이라고도 할 수 있다. 하지만 현실 문제에서 정론만을 강요당하면 듣는 사람은 맞는 말이라 생각하면서도 공감하지 못하니 반응하기가 어렵다. 말하자면 정론은 상대방이 반론하기 어려운 당연한 이야기를 하는 것이다.

그런 사람에게는 '그렇게 이야기하면 더 할 말이 없다. 이야기가 끝난다'고 말해주고 싶다. 왜냐하면 정론을 말하면 대화라는 운동이 멈추기 때문이다.

좋은 대화를 진행하려면 A라는 의견, B라는 관점, C라는 방향성 등의 다양한 요소가 필요하다. 그런데 A라는 정론밖에 없다면 "네, 그 말씀이 맞아요"라는 한 마디로 대화가 끝나버린다.

지금 유튜브 등의 미디어에서는 대놓고 정론을 말하지 않는 유튜버나 콘텐츠가 인기를 끌고 있다. 직접적으로 정론을 펼치는 것이 아니라, 살짝 각도를 틀어 자기 의견을 말하는 사람이 인기를 얻는다.

기본적으로 좋아하는 사람들만 보는 유튜브와 달리 대중성이 높은 텔레비전에 출연하는 코멘테이터는 그런 대응이 어렵다. 자기 의견을 각도를 틀어 말하고 싶어도 오해를 사거나 인터넷상에서 논란이 될 수 있으니 정론과 자기 의견의 비율을 정해 균형 잡힌 발언을 하는 것이 무난하다.

이상하게 들릴지 모르지만, 한사코 정론을 내세우는 사람이 있다면 그 사람을 들어서 어딘가로 옮겨버리는 것이 현실적인 대처법일지도 모른다. 배에 비유하자면, 과감하게 엔진을 켜서 그대로 항구에서 출발하도록 하는 느낌이랄까.

'맞는 말씀입니다. 자, 그럼 다음에 또 뵙지요'라며 듣는 사람이 납득한 듯한 태도를 한번 보이면 기꺼이 이야기를 접으려나?

설교나 정론을 재미있게 이야기하기
_아가와

그래도 정론은 정론인지라 재미는 없지만 '옳다'는 사실은 부정할 수 없다.

정론이 등장하면 대화는 멈출지 모르지만, '이 논의를 정리하고 싶다'는 충동을 느끼는 지식인은 정론이나 설교를 하며 결론으로 끌고 가려고 할 것이다. 그런 사람은 분명 '나는 틀리지 않았어!'라는 자신감을 갖고 발언하니, 꽤나 의기양양한 표정이다. 그러면 나는 그 얼굴만 봐도 발언의 내용은 둘째치고 웃게 만들고 싶은 욕구에 사로잡힌다. 물론 정론이나 설교를 하는 사람을 웃길 때는 무척 조심해야 한다. 진심으로 화를 낼 때도 있으니까.

"다 큰 사람을 그런 식으로 웃기는 거 아닙니다!"

젊은 시절부터 몇 번 혼이 나기도 했다. 그런데도 웃기고 싶다. 그래서 나는 정론이나 설교가 시작되면 진지한 얼굴로 들으면서, 살짝 주위를 둘러보다 누군가와 눈이 마주치면 웃어 보이거나 어깨를 으쓱해 보인다. 귀로는 진지하게 들으면서(실제로 진지하게 들어야 할 정론도 있으니), 듣는 사람들끼리 이렇게 웃으면서 그 자리의 긴장감과 혐오감을 날려버리려는 것이다.

⑧ 이야기가 어긋나거나
   다른 방향으로 흘러갈 때

어긋난 방향에 대해 지적하지 않기

_사이토

역시 아가와 씨는 즐거운 분위기를 만드는 데 능한 것 같다.

누군가와 대화를 하다 보면 이야기가 이리저리 새거나 주제에서 벗어날 때가 있다. 잡담하는 자리라면 그래도 재미있지만, 회의나 미팅처럼 무언가 결정을 내려야 하는 상황에서는 그대로 둘 수가 없다. 적당한 타이밍에 궤도를 수정하여 본래의 주제로 돌아가야 한다.

이야기를 원래 주제로 되돌리는 것을 생각하니, 자동차나 맥주 등의 광고에 자주 등장하는 도코로 조지 씨가 떠오른다. 나는 옛날에 〈도코로 조지의 올나잇 니폰〉이라는 심야 라디오 프로그램의 애청자였다. 거기서 도코로 씨가 일주일 동안 있었던 일을 엄청난 속도로 말하는 코너가 있었다. 그런데 많은 이야기가 여기저기로 뻗어가다가 어느샌가 제자리를 찾아가는 것이다. 여러 이야기를 하다가 원래의 주제로 돌아올 수 있다니, 그 능력에 감탄했다.

요즘도 방송에서 도코로 씨와 함께 출연할 때가 있는데, 그가 사회자인 경우 녹화가 무척 빨리 끝난다. 왜냐하면 어디서 이야기가 곁길로 새도 괜찮은지, 어디서 다시 되돌아와야 하는지를 알기 때문이다. 도코로 씨 같은 분이 한 명있으면 실로 재미있는 대화가 가능하다.

상대방의 이야기가 곁길로 샌 경우, 일반적으로는 두 가지 대처법을 생각할 수 있다. 하나는 지적해주는 것, 또 하나는 지적하지 않는 방법이다. 나는 후자를 택하는 편이다. "본래 주제로 돌아가실까요?"라고 하면 듣는 사람의 기분이 상할 수 있다.

사실 그 사람이 알아차리지 못할 만큼 자연스럽게 궤도를 수정하는 것이 가장 이상적이다. 대화 중에 자꾸 옆으로 새는 것은 말에 대한 센스나 섬세함이 부족하기 때문이다. 그러니 내가 궤도를 수정해도 눈치채지 못할 수 있다. 만약 알아차린다고 해도 그것을 불쾌하게 여기거나 화를 내지는 않으리라.

잘 생각해보면 이야기가 옆으로 새거나 다른 방향으로

흘러가는 것은 그런 계기를 만든 질문 때문이다. 그 질문에 대한 답을 하다 보니 이야기가 다른 쪽으로 흘러가버리는 것이다.

그럴 때는 그 질문을 일단 보류하고 '만약 이런 경우에는 이렇게 되겠지요' 하고 사전에 질문과 대답을 세트로 보여주는 방법을 쓰기도 한다.

예를 들어 대학 수업에서 내 질문에 대해 학생이 방향이 다른 대답을 하면, 그것이 옳은 대답이 될 수 있는 질문을 생각해 "○○라는 질문이었다면 지금 그 말이 정답이었어요!" 하고 말해준다. 원래의 질문에 맞는 대답이 아니라는 사실을 깨닫게 하는 방법이다. 그렇게 하면 직접적으로 지적하지 않아도 된다.

핵심 단어를 사용해 원래의 대화로 돌아오다
_아가와

실제로 인터뷰를 하다 보면 상대방의 이야기가 완전히 다른 방향으로 흘러갈 때가 있다. 그럴 때 나도 사이토 선생처럼 직접적으로 지적하지는 않는 쪽이다. 왜냐하면 다른 방향으로 흘러가면서 더 재미있는 이야기가 될 수도 있기 때문이다. 그래서 일단은 지켜본다. 내가 처음에 물어본 내용보다도 어쩌면 더 재미있는 보물 같은 이야기가 나올

지도 모르니까.

그런 경험이 종종 있었다. 사전에 정해둔 화제보다 우연히 나온 이야기가 재미있어서 인터뷰의 메인이 되어버린 적이 적지 않다. 다만 어느 정도 지켜봤을 때 이야기를 원래 방향으로 가져가는 것이 좋겠다 싶으면, 상대방의 이야기를 잘 들으면서 궤도수정의 힌트가 될 만한 단어를 찾는다.

물론 억지로 궤도수정을 시도하는 방법도 있다. "자, 원래 주제로 되돌아가서", "지금 이야기가 살짝 다른 쪽으로 갔는데"라며 되도록 아무렇지 않은 듯 수정하기도 한다. 하지만 가급적 상대방의 이야기 흐름에 따라 알아차리지 못하게끔 궤도를 수정할 수 있다면 가장 좋다. 그래서 나는 이야기 속에서 단서가 될 만한 말을 찾는다.

예컨대 상대방이 "이번에 가족들끼리 홋카이도로 여행을 다녀왔어요"라고 하면 놓치지 않고 "그래요. 여행 이야기가 나오니까 말인데, 젊은 시절에 히치하이킹을 하면서 세계 여행을 했다고 들었어요. 몇 개국을 돌아봤나요?" 하는 식으로 새로운 질문으로 전환한다. 그러면 상대방은 이미 여행 이야기 중이었기에 갑자기 두뇌 스위치를 바꿀 필요 없이 내 질문에 맞춰 대답해준다. 상대방의 이야기를 잘 들으면 분명 힌트가 될 만한 말을 발견할 수 있다.

⑨ 침묵이나 같은 이야기가 반복될 때의 대처법

상대방의 침묵에 굳이 말을 재촉하지 말라

_아가와

대화 중에 상대방이 침묵하는 경우, 일대일 대화라면 그리 초조해하지 않으려고 하는 편이다. 상대방도 그 나름의 말하는 속도나 리듬이 있을 테고, 침묵의 이유가 말하고 싶지 않아서가 아니라 할 말을 열심히 생각하느라 그런 경우가 많기 때문이다. 혹시 말하기 싫어서인 경우라도 상대방의 마음에 따라주는 것이 중요하다 싶으면 나도 조용히 그 시간을 보낸다.

물론 갑자기 몸 상태가 안 좋아 보이거나 슬퍼 보이는 등특별한 이유가 있어 보이면 "괜찮으세요?" 하고 물어야 한다. 그런 판단을 위해서는 말뿐만 아니라 표정과 몸짓, 눈의 움직임 등을 관찰하는 태도가 중요하다.

택시나 전철 안에서 문득 침묵이 찾아올 때도 있다. 왠지 불편해서 억지로 이야깃거리를 찾으려고 드는데, 어쩌면 상대방은 피곤해서 졸린 상태일지도 모른다. 그럴 때 상대방의 표정을 슬쩍 살펴보고 조용히 가는 편이 좋겠다 싶으면 나도 눈을 감는다. 졸린 상태에서 계속 대답을 해야 한다면 괴로울 것이 뻔하기 때문이다.

가끔 동승한 상대방의 계속되는 발언으로 피곤할 때는 자연스럽게 눈을 감았다가 뜨기를 반복한다. 그러면 상대방도 '아, 지금 졸리구나'라고 알아차리고 침묵해줄 때가 있다. 미안하지만 그런 방법을 쓸 때도 있다.

같은 이야기를 되풀이하는 사람은 만담이라고 생각해
_ 사이토

침묵에 다다른 상황에 따라 다르겠지만, 대화하다가 정말로 더는 나눌 화제가 없는 경우도 있다. 그럴 때는 "요즘 유튜브에서 이런 걸 자주 봐요" 하고 스마트폰을 꺼내서 보여주는 방법도 있다. 그로써 새로운 대화가 시작되기도 한다.

차 안에서 침묵하는 문제는 나도 경험이 있다. 강연을 위해 지방에 가면 가장 가까운 역이나 공항에서 강연 장소까지 차로 1시간 정도 걸릴 때가 있다. 이때 마중 나온 관계자와 차 안에서 강연회 내용을 너무 많이 이야기 나누면, 실제 강연에서 텐션이 떨어질 수 있다. 그래서 차에 타고 5분 정도는 잡담을 나누며 관계를 구축하고, "자, 지금부터는 조금 쉬겠습니다" 하고 휴식하기도 한다.

같은 이야기를 몇 번이고 반복하는 사람이 있다. 지난번에 들었다고 대답하기도 뭣하다. 나는 상대방이 같은 이야기를 여러 번 해도 기본적으로는 처음 듣는 듯한 태도를 보이려고 한다. 내 어머니는 같은 말씀을 자주 되풀이하셨다. 그것도 수십 년 전의 내용인데, 거기에 대고 "그건 몇 번이나 들었어요"라고 하면? 어머니로서는 하실 말씀이 없어진다.

그런 사람을 만나면 학교 교내 방송을 듣는다고 생각하면 어떨까? 교내 방송은 시간이 되면 '급식 시간입니다'라거나 '하교할 시간입니다' 하고 정해진 말을 되풀이한다. 내가 느끼기에는 이와 비슷하다.

계속 반복되는 이야기에 대해서는 만담 같은 고전 예능의 일종으로 여기고 즐겨보자. "그 이야기 또 해주세요" 하고 먼저 부탁해보는 것은 어떨까? 그렇게 상대방이 이야기를 시작하면 기다렸다는 듯이 추임새를 넣으며 분위기를 띄워도 좋겠다.

대학의 제자들과 졸업 후 만날 때가 있다. 그중에 중학교 교사로 일하는 친구가 있는데, 학교에서 있었던 일을 이야기하는데 어찌나 재미있는지 자꾸 들어도 질리지 않는다. 함께 모였을 때 학교 이야기를 또 해달라고 부탁할 정도다. 그러면 그 친구도 마치 처음 하는 이야기인 양 말을 시작하고, 듣는 우리도 처음 듣는 듯한 리액션을 보이며 들으니 만담이 따로 없다.

⑩ 남용되는 경어

과도한 경어가 패밀리레스토랑에서 시작되었다⁉

_아가와

나 역시 올바른 경어 사용에 대해 가르칠 만한 입장은 아니지만, 요즘은 경어 사용이 너무 뒤죽박죽인 듯하다.

롯폰기의 미드타운이 막 생겼을 무렵 택시를 타고 "미드타운에 가려는데 어딘지 아시나요?"라고 기사님께 물으니 "아, 미드타운은 아시는 바가 없어서요"라고 대답해서 나도 모르게 웃은 적이 있다. 기사님은 예의 바른 청년이었는데 절대 악의는 없었겠지만 경어를 잘못 사용하고 있었다.

또는 어떤 회사에 전화해서 "○○씨 계십니까?"라고 물으면 "○○부장은 안 계십니다. 실례지만…" 하는 답변이 돌아온다. '실례지만…'에서 이야기가 멈춰버리는 것이 더 실례다. 그냥 제대로 "누구신가요?" 하고 물으면 이름을 말할 텐데 말이다.

한때 젊은이들의 반말이 문제가 되었다. 그런데 '정중한 표현을 사용하도록' 교육받으면서 그 '정중함'의 내용을 제대로 이해하지 못한 채 어른이 되어버린 것은 아닐까. 무조건 최대한 높임말을 사용하는 것이 정중한 화법이라고 생각하는 것일까. 정중함이 도가 지나칠 때도 있다.

그런 좋은 예가 '하도록 해주시면' 등이다. 너나 할 것 없이 자주 사용하는데, 그러다 보니 나도 아무 생각 없이 쓸 때가 있다.

이런 표현은 어디서 시작되었을까? 어쩌면 패밀리 레스토랑의 정해진 응대법이 시초가 아닐까 의심스러운데, 사이토 선생은 어떻게 생각하는가?

"주문 여쭤보도록 하겠습니다."

"그럼 주문 다시 확인하도록 해주시겠습니다."

"만 엔 받게 해주셨습니다."

물론 언뜻 보기에는 상당히 예의 바르고 정중하게 들리지만, 굳이 이 정도까지 할 필요가 있는지 듣다 보면 고개를 갸웃거리게 된다.

과도한 경어는 효율이 떨어져

_ 사이토

'하도록 해주시면' 같은 표현은 언제든 쓸 수 있으니 편리하게 여길 수 있다. 하지만 대부분의 경우에 과하다는 느낌을 준다. 나는 거의 쓰지 않는 말이다.

왜냐면 말이나 발언이 길어져서다. "그러면 이제 시간이 된 듯하니 회의를 시작하도록 해주시면 되겠습니다"라니 너무 길다. "이제 회의를 시작하겠습니다"로도 충분하다. 경제적 효율에 대해 자주 이야기하는데, 말에도 해당한다. 너무 긴 말을 사용하는 것은 언어적으로 효율이 떨어진다.

'하도록 해주시면' 등이 남용되는 배경에는 올바른 경어 사용법을 모르는 데 대한 과도한 두려움이나 걱정, 불필요한 자의식 작용 등이 있다고 본다. "시작하도록 해주시기 바랍니다"라는 말에는 자신의 생각에 따라 시작한다는 자의식이 숨겨져 있다. "그럼 한 곡 부르게 해주시면 하겠습니다"라는 말도 마찬가지로 모두가 원하니 노래하는 것이지, 자신이 부르고 싶어서 하는 것은 아니라는 느낌을 준다.

올바른 경어 사용법을 모르는 가장 큰 원인은 그에 대한 훈련이 이루어지지 않아서다. 초등학교 국어 학습지도요령에는 '일상에서 자주 사용하는 경어 사용법을 익힐 것'이라는 문구가 들어 있다. 그러나 현실에서 실천적인 훈련이 부족하다. 경어가 무엇인지에 대한 설명만 듣고는 실제로 경어를 제대로 사용하기가 쉽지 않다.

테니스 교실에서 '테니스는 이런 스포츠입니다'라며 설명을 듣기만 해서는 아무도 공을 치지 못한다. 잘 치려면 실제 훈련이 필요하다. 경어도 마찬가지다. 이를테면 '회사에서 나누는 부장과 부하직원 대화'라는 현실적인 상황을 설정하여 올바른 사용법을 배울 수 있도록 해야 한다.

선생님은 오셨다, 도깨비는 왔다
_아가와

남동생에게 들은 이야기인데, 초등학교 1학년 때 담임 선생님이 말에 매우 엄격했단다. 그런데 아침에 교실 창밖을 보던 학생이 선생님이 오시는 것을 보고 교실에 대고 큰 소리로 "선생님 왔다!"고 말했다. 그러자 교실로 들어선 선생님이 "여러분, '왔다'는 '도깨비가 왔다'라고 말할 때 쓰세요. 선생님은 '오셨다'라고 해야 합니다!"라고 하셨단다. 이후로 동생은 '선생님은 오셨다, 도깨비는 왔다!'를 주문처럼 외우며 경어를 배웠다고 한다.

하지만 기본적으로는 가정에서 올바른 언어 사용에 대해 배워야 한다고 생각한다. 말이 곧 가정의 문화이니, 가족 내에서 말의 사용법을 배우고 밖에 나가서 새로운 언어 문화를 확장하는 것이 중요하지 않을까?

더불어 요즘 시대는 휴대전화를 사용하므로 잘 모르는 사람과 유선상으로 이야기할 기회가 거의 없다. 예전에는 전화가 울려도 상대방이 누구인지 모르니 일단은 정중하게 경어를 썼고, 어른도 아이들도 자연스레 그렇게 했다.

"여보세요? 다나카입니다. 누구신지? 뭐야, 이치로구나!"

이런 식으로 전화가 외부 세계와의 사교를 위한 첫걸음이었다. 하지만 요즘은 아는 사람에게만 전화를 걸고, 아는 사람의 전화만 받는다. 아니, 유선전화 자체를 거의 사용하지 않는다고 들었다. 사회에 나가도 잘 모르는 사람에게 전화를 거는 옛날 신입사원 훈련 같은 일은 드물어졌다.

가정에서 학습할 기회가 없고, 학교에서도 선생님과 학생은 평등하다는 생각이 일반화되어 경어 훈련을 할 곳이 없다. 그렇게 어른이 되어 갑자기 경어를 써야 하는 상황에 직면하니, 사용법을 잘 모르는 것도 이해는 된다.

바른 경어 사용법을 익히려면
_ 사이토

학생 인권이 존중받아야 한다며 학생과 선생님이 인간적으로 평등하다는 개념이 나왔다. 또 집에서도 경어 쓸 일이 없어졌다. 이는 민주주의 교육의 상징 중 하나로 여겨지는데, 막상 사회에 나가보면 경어를 써야 하는 현실 문제와 맞닥뜨린다.

경어 사용법을 익히려면 일단은 회사에 근무해보는 것이 좋다. 사람을 단련한다는 의미에서 보면 회사는 굉장한 기능을 갖추고 있다. 대학 제자들이 취직하고 1년쯤 지날 무렵이면 제대로 배운 사회인 티가 나기 시작한다. 언어 표현도 제대로 하고 말이다. 이 역시 회사를 다니며 훈련된 덕이리라.

혹은 경어 사용법을 다룬 책을 읽어보는 것도 좋다. 경어에 대한 기본 내용을 이해하고 실제로 연습해보면 된다. 책을 읽으면 경어가 어렵게 느껴지지는 않을 것이다.

⑪ 그 사람의 '세계'에 동행하다

질문을 통해 노선을 전환하다
_사이토

나는 윗세대, 특히 다소 장황하고 끈질기게 이야기하는 연세 있는 분과 대화할 때 쓰는 비법이 있다.

사적인 이야기지만 돌아가신 아버지가 애주가여서 한잔하시면 다섯 시간이고 여섯 시간이고 신이 나서 말씀하시고는 했다. 고향에 가면 함께 술을 마시며 이야기를 나누는데, 가끔 반복의 늪에 빠질 때가 있다. 익숙하지 않은 사람이 보기에는 술에 취한 사람은 계속 같은 말만 하니 듣기 싫다고 한다. 그런데 취한 사람도 같은 이야기를 반복하는 늪에서 빠져나오지 못해 힘들지 않을까? 마치 한 부분만 반복하는 레코드판처럼 말이다.

그런 상태에서 빠져나오게 하려면 "참, 그때는 어떻게 하셨어요?" 하고 질문을 던져 다른 장소로 장면을 전환해 주면 된다. 전철 궤도의 방향이 두 갈래로 갈라지듯이 질문을 통해 능숙하게 노선을 변경하면 된다. 그러면 새로운 이야기로 넘어간다. 취한 사람뿐만 아니라, 끈질기게 한 가지 이야기만 하는 사람에게도 효과적인 방법이다.

그 사람이 꿈꾸는 세계에 함께하기

_ 아가와

어머니가 치매에 걸렸을 때 계속 같은 말씀을 하셔서 입을 다물어버린 적이 있다. 처음에는 "아까도 말씀하셨잖아요!", "똑같은 말씀을 벌써 다섯 번째 하시네요" 하고 주의를 주었지만 점차 소용없는 저항임을 깨달았다. 그리고 내게도 들어줄 체력이 생겼을 무렵에 문득 '그렇지, 사이토 선생 말처럼 다른 스위치로 전환해야겠다'는 생각이 들었다.

예를 들면 초등학교 친구 이야기를 계속하시면 중간에 "그럼 중학교 때 친한 친구는 누구였어요?" 하고 화제를 바꾸는 식이다. 그러자 이번에는 중학교 시절 이야기가 시작되는데 이 역시 반복된다. 얼마쯤 지나서 그 이야기가 지겨워지면 "엄마, 영화배우 중에 좋아했던 사람은 없어요?" 하고 단번에 다른 스위치로 전환하는 방식이다.

혹은 계속 반복되는 이야기에 내가 빠져보는 방법도 있다. 친구인 여배우 F 씨가 실제로 해본 것이라는데, 그녀의 어머니 역시 치매에 걸려 같은 말씀을 반복할 뿐만 아니라 어느새 '나는 여배우'라고 말하기 시작했다고 한다.

이때 F 씨는 아니라고 부정하지 않고 "어머나, 엄마 여배우였어요? 내가 그걸 몰랐었네" 하고 응한 후 "지금 무슨 영화 찍고 있어요?", "그럼 더 예쁘게 꾸며야지요. 내일 미장원에 함께 가요" 하고 어머니의 세계에 들어가 함께 놀았단다.

그녀의 이야기를 듣고 이거다 싶어서 나도 엄마가 바라보는 세계에 들어가 함께 놀기로 했다. 엄마는 가끔 "아기는 어디로 갔어?"라며 실재하지 않는 광경 속 갓난아기를 걱정하곤 했다. 이때 나는 "그 아기? 조금 전에 아기 엄마가 데려갔어요", "지금 2층에서 자요" 하고 맞추어주었다.

그렇게 하자 엄마의 똑같은 말에도 덜 힘들었다. '아기가 어디 있다고 그래요!'라며 현실을 알려주려고 하면 나도 지치고, 혼이 나는 엄마도 풀이 죽는다. 반드시 올바른 사실을 주입할 필요가 없는 상황이다. 지금 상대가 바라보는 세계를 함께 즐긴다면 돌봄을 하는 사람도 받는 사람도 행복해지지 않을까.

상대방의 이야기에 동행하면 대화가 무르익어
_사이토

그것을 일반 대화에도 적용하면 좋겠다. 상대방의 이야기가 이상해도 단번에 부정하지 말고, 일단은 그 세계와 문맥을 따라가보고 자연스레 수정하는 편이 낫다. 그러면 상대방도 내 이야기를 들을 마음이 생길 것이다. 처음부터 부정해버리면 상대방은 의기소침해지거나 화가 나서 더 이상 대화가 진행되지 않는다.

한 번쯤 그 세계에 빠져드는 것은 대화의 흐름을 깨지 않기 위해서도 좋다. 개그를 보자면, 우스꽝스러운 역할을 하는 이에게 바로 지적하지 않고 한 번쯤은 동조한 후에 이상한 행동이었음을 깨달았다는 반응을 보인다. 이러는 편이 더 재미있을 때가 있다.

한 번은 기다려주고 이야기에 동참하는 것이 대화의 황금률인지도 모른다. 아이들과 대화할 때도 그렇다. 아이가 완전히 호빵맨이 된 것처럼 구는데 '너는 진짜 호빵맨은 아니잖아'라고 지적한다면 더 이상 재미가 없다. 그에 반해 '그럼 나는 세균맨이다!' 하고 응한다면 분위기는 살아나고 아이와의 대화도 이어진다.

⑫ 상대의 시간을 빼앗는 '음', '저기'

가급적 사용하지 않아야 할 '음', '저기'

_ 아가와

텔레비전을 보고 있으면 사람들의 말버릇이 눈에 띈다. 실제로 만날 때와 달리 사각의 좁은 화면을 통해 보기 때문에 더 눈에 띄는지도 모른다. 카메라 앞이라 출연자가 긴장한 탓일 수도 있다. 계속 같은 말이 귀에 들어온다. 코멘테이터, 기상캐스터, 게스트로 나온 학자들이 발언할 때 백이면 백 '그러니까', '소위', '~라는 것이지요', '그건 그렇고', '철저하게' 등 저마다 입버릇처럼 하는 말이 있다.

나 역시 인터뷰할 때 질문을 이어가려다 보니 '그래도' 라는 표현을 자주 쓰곤 한다. 이런 습관이 싫지만 좀처럼 고쳐지지 않는다.

방송이 아니라도 '음'이나 '저기' 등을 많이 사용하는 사람이 있다. 말을 시작하기 전에 그런 표현을 쓰면 앞으로 이야기할 내용을 정리할 수 있는 것인지, 시간을 벌려는 것인지, 혹은 상대방의 반응을 살피면서 말하려는 것인지 그 의도가 궁금하다. 너무 자주 사용하면 신경이 쓰여서 무슨 말을 하는지 모르겠고 이야기의 본질이 흐려지기도 한다.

이렇게 지적하면서도 나도 많이 쓰고 있을지 모르겠다. 원래 본인은 잘 못 느끼는 법이라서.

발언시간을 유지하기 위한 '음'과 '저기'
_ 사이토

의식하지 않으면 자기도 모르게 사용해버리기 쉽다. 학생들에게 15초 내에 발표하기를 시킬 때가 있는데, 이때 '음'이나 '저기'를 연발하면 정작 내용이 줄어든다.

내 수업에서는 그런 말을 쓰지 않도록 규칙을 정했다. "이렇게 짧은 시간 내에 이야기하는데, 그런 말을 할 필요는 없겠지요?" 하고 주의 주는 정도지만 말이다. 그래도 저절로 나오는 사람도 있는데 역시 사용하지 않기 위해 스스로 의식하는 것이 가장 좋은 방법이다.

'음'이나 '저기'라는 말을 사용해 자신의 발언 시간을 확보하려는 사람이 있을 때는 문제가 된다.

왜냐하면 한 사람이 그렇게 말하고 나면 다른 사람이 말할 기회를 빼앗는 셈이다. 즉, '음'과 '저기'라고 말하여 다음 말을 생각할 때까지 자신이 발언할 권리를 유지하는 셈이다.

이런 식으로 발언권을 지키거나 자신의 발언 시간을 늘리는 것은 공정하지 않다. 발언 시간은 공평하게 배분되어야 한다. '시간은 금'이라고 말할 것까지는 없지만, 금처럼 잘 관리해야 귀한 가치를 갖는다.

그런 차원으로, 앞에서 말한 15초 트레이닝은 의미가 있다. 이때 나는 스톱워치를 사용하는데, 15초가 지나면 소리가 나게 해서 다음 사람의 순서임을 알도록 한다. 그러면 모두에게 공평하게 배분된 금으로 게임을 하는 느낌이 든다.

대화 중에 시간 관리를 너무 엄격하게 하면 분위기가 살벌해진다고 여기는 사람도 있겠다. 하지만 회의나 미팅에서 의미 있는 대화를 진행하려면 시간 관리는 중요하다.

서로 시간 감각을 공유하지 못하면 특정한 사람이 길게 이야기해서 곤란해질 수 있다. 축구와 마찬가지로 한 사람이 오래 공을 가지고 있으면 다른 사람은 재미가 없다. 대화에서도 적절히 공을 내주는 것이 중요하다. 메시 같은 선수도 공을 내어주는데 하물며 일반인이 공을 너무 오래 가지고 있을 일인가.

이야기할 때 시간 감각을 기르는 방법으로는 나처럼 스톱워치를 사용해 강제적으로 끊는 방법도 있지만, 그룹 한가운데에 페트병을 두고 이야기하는 방법도 있다. 말할 때는 마이크 대신으로 사용하고, 말이 끝나면 원래대로 되돌려놓는 식이다. 이렇게 하면 평소 말을 길게 하던 사람은 자신이 계속 마이크를 쥐고 있다는 사실을 깨닫고 짧게 이야기하게 된다.

"당신은 어떻게 생각하나요?" 하고 거꾸로 물어보다
_아가와

조금 뭣하다고 생각할지 모르지만, 내가 질문을 받고 즉시 답을 하기 힘들면 질문자에게 "당신은 어떻게 생각하나요?" 하고 역질문을 할 때가 종종 있다. 역으로 질문을 받은 사람은 순간 당황하지만 어쨌든 대답을 해준다. 그 대답을 듣고 '그렇구나, 내 경우에는 이렇게 말하면 되겠어'라며 답을 찾을 수 있다.

일단은 자신이 대답을 잘하지 못할 것 같으면 상대방의 대답을 들은 후에 그 대답 속에서 자신이 해야 할 말을 찾는 방법도 의외로 유용하다.

할 이야기를 미리 생각해두다

_사이토

당연한 말이지만 자기 차례가 오기 전에 질문에 대한 답이나 할 이야기를 정리해두는 것이 중요하다. 차례가 되어서 생각하기 시작하면 시간이 걸린다.

대화가 원만하게 진행되려면 질문하는 사람도 사전에 누구에게 던지는 질문인지를 분명히 하는 것이 좋다. 그러면 질문이 끝날 때까지 대답을 준비할 시간이 생긴다. "○○ 씨와 ○○ 씨께도 같은 질문을 드릴게요" 하고 순서를 정해두면 대화가 정체되는 일이 없다.

Chapter 2 요약

● '~라고 하니까 말인데'를 사용하면 대화는 계속 이어져

● 무언가를 만들어내기 위한 대화의 '부정'

● 결론을 모르니 대화의 필요성이 생기는 것

● 구체적인 질문이 대화를 활성화한다

● 상대방에게 질문하는 것은 실례가 아니야

● 가급적 객관적인 관점으로 이야기하면 반응이 좋아

● 정론을 내세우면 대화가 멈춘다

● 상대방의 이야기가 살짝 어긋나도 직접적으로 지적하지 말라

● 상대방이 침묵해도 억지로 말을 재촉하지 않아야 해

● 상대방이 꿈꾸는 세계에 동행하면 대화가 깊어져

Chapter 3
대화를 연마하다

① 대화의 문맥력이란?

관점을 바꿔가며 이야기를 발전시키는 문맥력

_사이토

대화력을 높이려면 '문맥력'을 키워야 한다. 문맥력이란 내가 만든 조어로 《커뮤니케이션력》이라는 책에서 강조한 단어인데, 단적으로 말하면 '의미의 연결(문맥)을 정확히 파악하는 힘'이다.

이렇게 말하면 대부분은 자신이 어느 정도의 문맥력을 가지고 있다고 생각한다. 예를 들어 책을 읽고 줄거리를 적으라고 하면 가능하기 때문이다. 하지만 대화의 경우 어떨까?

이야기가 진행될수록 그 줄거리를 떠올리기란 의외로 쉽지 않다. 글로 적힌 책의 내용은 쉽게 되돌아볼 수 있지만 지금 진행 중인 대화는 글로 기록되지 않기에 다시 돌아가 줄거리를 확인할 수 없기 때문이다.

그렇다면 대화의 어떤 상황에서 문맥력이 필요하고 진가를 발휘할까?

우선 대화란 단순한 회화나 수다와는 다르다는 점을 기억하자. 보통의 회화라면 이야기의 내용이 흩어지거나 화제가 다른 방향으로 흘러도 큰 문제가 없다. 그 회화를 통해 무언가를 만들어낼 목적이 아니기 때문이다.

하지만 대화는 다르다. 대화를 통해 무언가를 배우거나, 결정하거나, 생산해내는 것이 본래 대화의 목적이다. 그러려면 이야기의 문맥을 제대로 파악한 후 관점을 조금씩 바꿔가며 대화를 진행해야 한다.

조금씩 관점을 바꿔가며 대화를 진행하는 것은 결실 있는 대화를 위해 꼭 필요하다. 그런데 관점을 바꾸다가 순간적으로 그때까지 나눈 이야기나 핵심을 놓칠 때도 있다.

이때 필요한 것이 이야기를 본질로 되돌리는 힘이다. 대화에서 문맥력이 있는지 없는지는 이 되돌리는 힘과 크게 연관된다. 문맥력 있는 사람이 대화에 참여하면, 이야기가 여러 갈래로 뻗어나가 도대체 지금 어디에 와 있는지 미아 상태가 되어도 다시 본래의 흐름으로 되돌릴 수 있다.

문맥력을 키우기 위한 기본적 훈련으로 가장 좋은 것은 역시 독서다. 책을 읽지 않는 사람보다 읽는 사람이 문맥력을 키우기 쉽다. 책은 앞에 적힌 내용을 모르면 지금 읽는 부분의 의미를 알 수 없기 때문이다. 이 이야기가 앞의 어느 부분과 연관되는지 모르면 이야기의 맥락을 정확히 파악하지 못한다. 즉, 독서는 문맥력을 단련하기 위한 기초 훈련이라고 하겠다.

다만 독서를 어려워하는 사람도 있다. 그들은 드라마나 영화, 애니메이션이나 만화라도 좋으니 평소 스토리를 의식하며 볼 것을 권한다.

스토리를 의식한다는 것은 쉽게 말해서 복선을 파악한다는 뜻이다. 지금 이 장면의 이 발언은 앞의 어디에 복선이 있었는지를 끊임없이 의식하면서 이야기의 전개를 좇아가면 된다. 드라마든 애니메이션이든 작품에는 복선이 존재한다. 이 장면은 어디에 복선이 있었는지, 이 대사는 다음 전개에서 어떤 의미를 가질지를 의식하는 것이 문맥력을 기르는 데 도움이 된다.

평소 이런 연습을 해두면 대화할 때도 실력을 발휘할 수 있다. 문맥력을 갖추면 상대방의 이야기에는 어떤 복선이 있는지 혹은 이 이야기가 앞으로 어떻게 전개될지를 제대로 이해할 수 있다.

사람들은 스토리를 가진 이야기에 빠져든다
_아가와

복선이나 전개를 의식하면서 스토리를 따라가는 것이 문맥력 향상에 도움이 된다는 이야기를 들으니 생각났다. 이야기의 내용에 스토리가 있으면 머리에 잘 들어오는 것 같다.

대학에서 성장호르몬을 연구하는 교수님을 만났을 때 인상적인 이야기를 들었다. 교수님은 어린 시절에 책을 무척 좋아해서 가슴 설레는 많은 이야기를 마음속 보물상자에 담아두었다고 하였다. 시간이 흘러 대학 교수가 되었는데, 학교에서 강의할 때 학생들이 집중하지 않거나 지루한 표정을 보이면 고민스러웠단다.

'어떻게 하면 학생들이 내 강의에 집중할 수 있을까?'

이때 아이디어가 퍼뜩 떠올랐다고 한다.

'그래, 성장호르몬 강의를 어린 시절 가슴을 뛰게 했던 스토리로 엮으면 어떨까?'

이렇게 교수님은 성장호르몬을 '한치동자' 이야기로 탈바꿈시켰다. 키가 3센티미터밖에 안되는 한치동자는 밥그릇을 배로 삼고 바늘을 칼 대신 허리에 차고 고향을 떠나 도성으로 간다. 그러다가 일하게 된 재상 댁의 딸과 함께 나들이를 가는데, 도중에 도깨비를 만나 위기에 처한다. 한치동자는 작은 몸으로 도깨비와 싸우다 한입에 먹히고 마는데, 바늘로 도깨비의 몸속을 찌르니 견디다 못한 도깨비가 그를 토해내고 산으로 도망가버린다. 그때 도깨비가 놓고 간 요술 망치를 주워 한 번, 두 번 휘두르니 몸이 점점 커지면서 멋진 무사의 모습으로 변했다. 이렇게 한치동자는 재상의 딸과 결혼하여 행복하게 살았단다.

이런 이야기인데 교수님은 이야기에 등장하는 '요술 망치'를 성장호르몬으로 바꾸어 이야기 속에 본래의 과학적 설명을 부가하여 강의했다고 한다. 그러자 학생들이 흥미진진한 표정으로 강의를 듣더라는 실로 행복한 이야기다.

이처럼 어려운 내용이라도 스토리가 있으면 자신도 모르게 빠져드는 법이다.

② 같은 것을 계속 말할 때의 장점

사상이나 사고방식을 전달하기 위한 일관성

_ 사이토

예전에 《소리 내어 읽고 싶은 신란》이라는 책을 썼을 때의 일이다. 가마쿠라 시대의 불교인 정토진종의 창시자 신란의 말 중에서 100개의 명언을 찾고자 했는데, 기본적으로 한 가지 이야기만 했다는 사실을 깨달았다. 바로 '나무아미타불 하고 염불을 외우면 극락정토에 갈 수 있다'는 것이다. 신란은 자신을 승려이면서도 속세의 사람이기도 한 어리석은 존재라고 칭했는데, 자신처럼 번뇌로 가득한 범부는 어차피 구원받지 못하니 무조건 부처님을 믿고 나무아미타불을 외울 수밖에 없다는 말만 했다.

일관성이란 사상이나 사고방식을 전달할 때 매우 중요

하다. 자신이 얻은 하나의 진리를 줄곧 이야기할 때 그것이 시대를 초월해 전달되는 법이다.

'경영의 신'이라고 불리는 마쓰시타 고노스케도 비슷한 글을 썼다. 자신의 이야기가 직원들에게 전달될 때는 그 내용이 절반으로 줄어든다는 것이다. 그 직원이 다른 직원에게 이야기를 전달하면 또 그 절반이 되어버린다. 즉, 4분의 1이 되는 셈이다. 이후로도 계속 8분의 1, 16분의 1로 전달하고자 한 내용이 줄어든다. 그래서 그는 같은 이야기를 계속 반복한다고 했다. 일관되게 하나의 이야기를 하는 것은 경영자를 비롯해 조직의 수장에게는 매우 중요한 일이다.

달변가는 대상에 따라 다양한 이야기를 하지만, 뛰어난 경영자로 불리는 이들은 자신만의 확고한 경영철학이 있으며 그것을 반복적으로 말한다.

듣다 보면 또 같은 이야기구나 싶지만, 반대로 생각하면 그것은 '흔들림이 없다'는 의미다. 상황에 따라 말을 자꾸 바꾸는 것이 아니라, 언제나 흔들림 없이 같은 내용을 이야기하는 사람이 실제 사회에서는 성공하는 듯하다.

③ 말하는 것이 어려운 사람은 리액션 기술을 연마하라

웃음의 리액션을 익히다

_사이토

누구에게나 장단점이 있듯이 대화 역시 재미있게 이끄는 사람이 있는가 하면 그러지 못한 사람도 있다. 개그맨 중에도 개그의 신에게 사랑받는 사람과 그렇지 못한 사람이 있다.

하지만 대화에서 재미있는 이야기를 하지 못한다고 비관할 필요는 없다. 그런 사람은 듣는 역할에서 재능을 꽃피울 수 있으니 말이다.

말을 재미있게 하지 못한다면 남의 이야기에 웃어주며 적극적으로 리액션해주는 게 어떨까? 대화 자리의 분위기를 살리기 위해 열심히 웃는 것을 자신의 역할로 삼으면 적어도 대화 자리를 망치지는 않는다. 재미있는 이야기를 못 한다면 웃음의 리액션을 장착하기를 권한다.

웃음의 리액션은 화자에 대한 긍정의 마음을 전달한다. 그러면 말하는 사람도 신이 나서 더 열심히 말한다. 웃음뿐만 아니라 표정도 상대방에게 긍정적인 에너지를 전달하는 리액션으로써 효과적이다. "우와 대단해요!" 하고 놀라는 표정을 짓거나 "완전 재미있어요"라며 즐거워하는 표정을 보이면 상대는 자신의 이야기에 자신감을 갖는다.

우리는 표정을 통한 리액션이 살짝 약하다. 남의 이야기를 듣고도 포커페이스라고 할까, 특별히 반응을 보이지 않는 사람이 많은 듯하다.

"맞는 말씀입니다"
_아가와

예전에 리액션이 대단한 사람을 만난 적이 있다.

아버지의 일 때문에 함께 이탈리아에 갔을 때의 일이다. 밀라노에 도착해서 그곳에 주재하던 항공회사의 A씨에게 큰 신세를 지게 되었다. 아버지의 강연 전날 밤, 저녁 식사를 하러 가는데 A씨가 운전하는 차에 동승했다. 거리를 달리던 도중에 오랜만에 밀라노를 방문한 아버지가 A씨에게 질문을 던졌다.

"이쪽 골목으로 들어가면 맛있는 고깃집이 있었던 것 같은데요?"

그러자 A씨는 핸들을 돌리면서 실로 밝은 목소리로 "맞는 말씀입니다. 이 골목으로 들어가면 맛있는 고깃집이 있었어요"라고 대답했다.

얼마 지나지 않아 아버지가 또 "이야, 이 광장은 옛날과 변한 것이 하나도 없네요"라고 하니, "맞습니다. 그 말씀 그대로입니다"라는 것이다.

레스토랑에 도착한 후에도 "이 가게는 레드와인이 맛있네요"라고 하면 A씨는 "맞는 말씀이세요!" 하고 웃으며 대답했다.

그날 밤, 그리고 이튿날도 아버지는 좋은 기분으로 지내셨고 밀라노에 대한 인상이 더 좋아진 듯했다. 모두 A씨 덕분이다.

나는 귀국 후에 A씨를 따라 해보고자 마음먹었다. 설령 속에서는 반항심이 끓어오를라도, 아버지의 말씀에 이렇게 대답했다.

"오늘은 날씨가 춥구나."

"맞는 말씀입니다."

"오늘 저녁 식사에는 청주가 반주로 어울리겠다."

"네, 맞는 말씀이세요."

"입고 있는 네 셔츠가 많이 더러워졌다."

"맞는 말씀이에요. 그 말이 맞네요."

충실하게 대답했는데, 아버지는 "네가 그렇게 말하니 왠지 사람을 놀리는 것 같고 자연스럽지 않다. 그만 해라!"라며 금지령을 내렸다. 맞는 말씀이다.

무엇이든 너무 과하면 부자연스럽게 느껴질 우려가 있다. 하지만 사람은 처음에 상대방이 강하게 동조하는 의사를 표현하면 대체로 기분이 좋아진다.

〈비토 다케시의 TV 태클〉의 게스트 중에도 센스 넘치는 분이 있는데, 누군가 이야기를 길게 하면 적당한 타이밍에 큰 소리로 "○○씨, 다 맞는 말씀이십니다!" 하고 끼어든다. 그러면 말을 하던 사람은 기분이 좋아지고 마음에 여유가 생겨 순순히 이야기를 멈춘다.

그러면 이때를 놓치지 않고 "맞는 말씀이기는 한데, 이거 한 가지는 생각이 조금 달라요" 하고 이론을 펼치기 시작한다. 처음에 '맞는 말씀'이라는 말을 들은 게스트는 이 타이밍에서 선선히 바통을 넘겨준다.

그야말로 마법의 힘을 가진 말, '맞는 말씀입니다'가 아닐까.

④ 대화의 분위기를 고조시키는 특급 칭찬

대화 자리에서는 칭찬을 아끼지 말라

_사이토

아가와 씨 말씀처럼 대화에서는 '긍정감'과 '즐거운 분위기'를 얼마나 제공하느냐가 중요한 요소인 것 같다. '우와', '좋겠다'라는 식의 간단한 맞장구나 추임새만 있어도 대화에 활기가 돈다.

대화의 분위기가 살지 않거나 왠지 모르게 활기가 부족하다면 참가자들의 주인의식이 부족한 것도 하나의 원인이다. 대학 수업에서 4인 1조로 대화를 해도 '오늘 멤버들은 그냥 그랬어'라는 느낌을 줄 때가 있다. 그룹 자체가 분위기를 띄우는 데 능숙하지 않기 때문이다.

분위기를 잘 띄우는 사람이 있으면, 예컨대 자신이 잘 모르는 주제라도 "그것 참 대단하네요" 하고 리액션을 보이니 대화 자리가 삭막해지지 않는다.

좀처럼 아이디어가 나오지 않는 사람, 대화 주제에 관한 지식이 없는 사람은 대화의 분위기를 살리는 역할을 해야 한다. 그러면 벤치에서 열심히 응원을 하는 야구팀처럼 분위기가 좋아진다.

나는 박수를 자주 이용한다. 누군가 조금이라도 좋은 이야기를 하면 박수를 치며 아이디어를 축하하는 것이다.

이유는 모르겠으나, 많은 사람이 '칭찬에 인색하다'는 느낌이 든다. 이상한 자존심인지 무엇인지 모르겠지만 남을 칭찬하는 일이 없는 사람도 꽤 있다. 인색하다고 할까, 기본적으로 어두운 성격이랄까. 어쨌든 내가 보기에는 칭찬하기를 아까워하는 것 같다.

하지만 나는 사소한 일이라도 아낌없이 칭찬하려고 노력한다. 그러면 서로의 기분이 좋아진다. 대화는 일종의 팀 스포츠라서 그런 식으로 서로 분위기를 띄워주는 것이 중요하다.

칭찬은 대화를 나눈 후에 해도 괜찮다. 장기나 바둑의 경우, 대국 후에 '복기'를 한다. 이는 대국 중에 둔 수를 서로 돌아보며 검토하는 것이다. 이런 맥락으로, 대화가 끝난 후 "아까 하신 말씀이 정말 좋았다"며 칭찬하기를 권한다. 나는 코멘테이터로 참가하는 텔레비전 프로그램에서 광고가 나올 때까지, 흐름이 좋으면 광고가 나가는 중에 캐스터나 아나운서와 서로 칭찬을 주고받는다.

평소 상대방의 말을 주의 깊게 들으면 칭찬할 요소를 찾기가 어렵지 않다. 문제는 장점을 발견하고도 말하지 않는 사람이 많다는 점이다. 좋은 점을 발견했다면 망설이지 말고 칭찬하자. 부정적인 이야기를 할 때는 신중해야 하지만, 칭찬은 즉시 하는 것이 좋다. 음식 역시 맛있을 때는 맛있다고 칭찬해야 한다. 칭찬에 대해 아가와 씨는 어떻게 생각하는가?

윗사람이나 나이가 더 많은 분이라도 칭찬하라
_ 아가와

칭찬이라고 하면 대개 자기보다 나이 어린 사람이나 아랫사람에게 하는 것으로 여기기 쉽다. 윗사람이나 연배 높은 사람을 칭찬하는 것은 오히려 실례가 될까 걱정한다.

내가 아는 남성 편집자가 거물급 작가를 담당하게 되었는데, 작가의 기분을 맞추기 어려워서 우울해하고 있었다. 그 무렵 우연히 작가 야마모토 나쓰히코 씨를 만났는데 과감히 물어보았다고 한다.

"선생님, 뛰어난 편집자가 되려면 어떻게 해야 하나요?"

그러자 야마모토 씨가 대답했다.

"그건 너무 쉬워요. 작가를 칭찬하면 됩니다. 어떤 작가라도 칭찬을 듣고 기분 나빠할 사람은 없을 테니까요."

그러고는 쓸쓸한 표정으로 덧붙였다고 한다.

"그런데 내 나이쯤 되면 칭찬해주는 사람이 없어요."

이후로 편집자는 되도록 칭찬을 많이 하려고 애썼다고 한다.

예전에 배우 아사오카 루리코 씨를 인터뷰한 후에 그녀가 주연을 맡은 연극에 초대받은 적이 있다. 연극을 좋아하는 친구와 함께 보러 갔는데, 연극이 끝난 후에 아사오카 씨에게 감사 인사를 하려고 둘이서 대기실을 찾았다.

물론 연극은 굉장히 재미있었고 아사오카 씨는 아름답고도 멋진 연기를 선보였지만, 어떤 칭찬을 건네야 할지 고민스러웠다. 그런데 대기실에 들어서자마자 나와 동행한 친구가 아사오카 씨를 향해 이렇게 말했다.

"이야, 정말 좋았어요. 잘하시더라고요! 완전 재미있었어요!"

친구는 일러스트레이터인데 평소에도 과감하고 용맹스러운 성격이라 생각한 바를 직접적으로 말하곤 했다. 친구는 박수를 치면서 큰 소리로 아사오카 씨를 칭찬했다. 나는 순간적으로 너무 놀라고 긴장했다. 아마도 아사오카 씨 주위의 스태프들도 나와 비슷했을 것이다. 이 칭찬, 정말 괜찮을까?

내심 걱정하며 아사오카 씨의 얼굴을 살폈다. 그런데 그녀는 전혀 동요하는 기색 없이 정말 기쁜 표정으로 "정말 그랬어요? 진짜 고마워요"라고 답하는 게 아닌가.

그야말로 거물급 여배우의 배포와 기품을 풍기면서 방긋 미소까지 지어 보였다. 그 정도의 스타가 된 이상 새삼 주위에서 '연기 잘한다'는 말을 들을 일은 드물었을 테니, 오히려 신선하게 받아들인 모양이다.

이후로 나도 친구만큼은 아니지만 칭찬을 아끼지 않는다. 때와 장소를 살핀 후, 설령 상대방이 나보다 훨씬 윗사람일지라도 칭찬하고 싶을 때는 박수를 보내거나 "정말 대단하세요! 진짜 애쓰셨어요" 하고 말하는 식이다. 더러 칭찬을 들은 연장자나 선배는 "내가 너한테 칭찬 들을 군번이니?"라고 핀잔을 주면서도 왠지 모르게 얼굴은 싱글벙글이다.

상대방이 에너지를 쏟은 부분을 높이 평가하자
_사이토

당연히 기분이 좋을 것 같다. 상대방이 나이가 많든 적든, 거물이든 초짜이든 상대방을 칭찬하고 높이 평가할 때는 기억할 것이 있다. 상대가 에너지를 쏟은 부분에 초점을 맞추어야 한다는 것이다.

영화를 보면서 정말 좋은 장면이 있었다면 감독을 만났을 때 "그 장면 찍을 때 진짜 애 많이 쓰셨지요?" 하고 물어야 상대방도 좋은 반응을 보인다. 논문을 썼을 때를 보자면, 역시나 자신이 에너지를 쏟은 부분에 관해 질문해주었으면 싶지 않던가. 그렇지 않은 부분에 대한 질문이 많으면 '내가 애쓴 부분이 독자들에게 잘 전달되지 않았나?' 싶어 실망스러울 때도 있다.

나는 학생들의 글을 평가할 때 전체적인 완성도가 높지 않아도 심혈을 기울인 부분을 찾아서 칭찬하려고 노력한다.

칭찬할 때는 우선 내가 얼마나 감동했는지 전달하는 것이 중요하다. 그런 후에 구체적인 요소를 들어 칭찬하거나 높이 평가하는 것이 효과적이다.

독서감상문의 경우에도 구체적인 글을 인용해서 쓰면 제대로 읽었다는 느낌을 준다. 그에 반해 대략적인 줄거리만 쓰고 끝내면 무성의해 보인다.

가드닝을 취미로 삼고 있는 사람에게 "가드닝이 참 힘들지요"라는 흔한 말을 해봐야 상대방이 좋아하지 않는다. 그보다는 그 사람의 인스타그램 등에 올라온 꽃을 화제로 삼아 "그 꽃을 키우려면 정말 정성을 많이 들여야 하지요?"라고 구체적으로 질문하면 이야기가 훨씬 잘 진행된다. 추상적인 칭찬보다는 구체적인 말이 사람의 마음을 움직이는 법이다.

⑤ 대화 주제에 대해 익숙하지 않을 때의 대처법

질문자 역할을 하며
알고 있는 내용으로 이야기를 이끌기
_사이토

대화에서 거론되는 주제는 내가 잘 아는 분야일 때도 있고 아닐 때도 있다. 자신이 잘 아는 내용이 주제일 때 너무 많이 말하지 않는 게 겸손이라고 여기는 사람도 있는데 상대방이 이야기를 듣고 싶어 한다면 많은 말을 하는 것도 괜찮다.

〈마쓰코가 모르는 세계〉라는 텔레비전 프로그램이 있다. 일반인이 등장해서 자신의 전문 분야나 빠져 있는 주제에 대해 마쓰코 씨에게 프레젠테이션을 하는데, 설명이 무척 훌륭한 데다 마쓰코 씨와 나누는 대화도 실로 자연스럽다.

일반인이 방송에서 이렇게 말을 잘할 수 있다는 것에 놀랐는데, 자신이 잘 아는 분야이기 때문인 것 같다. 열정을 갖고 이야기하니 저도 모르게 빠져들게 되고 이야기를 더 듣고 싶어진다. 너무 깊이 있는 이야기만 하면 듣는 사람도 불편하겠지만, 유익한 지식이라면 자신의 전문 분야에 대해 당당하게 선보여도 좋겠다.

오히려 문제는 자신이 잘 모르는 분야에 관해 대화를 나눌 때다. 그럴 때는 자신이 질문자 역할을 하며 아는 이야기로 주제를 바꾸는 방법도 있다.

골프전문지를 통해 프로 골프 선수와 세 차례의 대담을 했고 책으로 낸 적이 있다. 그런데 사실 나는 골프를 치지 않는다. 그런데도 어떻게 골프에 대한 대담을 할 수 있었느냐고 의아하게 여길지 모르지만, 적어도 텔레비전에서 골프를 본 적은 있다.

그래서 가령 "○○ 선수가 슬럼프였던 것 같은데, 프로 선수는 어떻게 슬럼프에서 빠져나오나요?"라는 질문을 던진다. 상대는 프로 골퍼이니 슬럼프에서 탈출하는 방법을 매우 상세히 알려준다. 그러면 이어서 "프로와 아마추어의 차이는 뭔가요?" 하고 묻는다. 상대는 "컨디션이 좋지 않을 때 원래 상태로 되돌릴 수 있는 기본기를 가진 사람이 프로라고 생각해요" 하고 답해준다.

그런 식으로 질문자 역할을 하며 조금이나마 자신이 본

적 있는 것, 아는 이야기 쪽으로 상대방의 경험적 지식을 끌어내는 질문을 하면 잘 모르는 분야에 대해서도 대화가 가능하다. 아가와 씨는 어떤가?

모른다는 것을 감추지 말라
_아가와

앞에서도 이야기했지만 내가 모르는데 억지로 이야기를 맞추려고 하면 상대방은 분명히 알아차린다. 해당 분야에 대한 공부가 부족했던 것을 감추고자 "아, 그렇지요" 하고 아는 척을 해봐야 금세 말문이 막힌다. 대체로 무언가를 감추려고 하면 눈빛이나 몸짓에서 그것이 드러나 처참한 결과를 낳을 뿐이다.

그렇다면 처음부터 "죄송하지만, 제가 그 주제에 대해서는 별로 아는 바가 없어서요" 하고 솔직히 자백하는 편이 낫지 않을까? 오히려 상대가 이를 순순히 받아들이고 친절하게 설명해줄 수도 있다. 다만 모른다고 해서 흥미가 없는 것은 아니며, 모르기 때문에 더욱 알고 싶다는 태도를 보이는 것이 중요하다. 사이토 선생의 말씀처럼 상대방의 이야기에 기분 좋게 반응하거나 웃고 감탄하면서 말이다. 그렇게 하면 이야기하는 사람도 훨씬 편안하게 말할 수 있다.

때로는 상대방이 내가 모르는 세계의 전문용어를 사용

해 이야기를 점점 이해하기 어렵게 만들기도 한다. 그럴 때는 자신도 잘 아는 분야를 끌어들여 "예를 들면 이런 것과 비슷하다고 보면 되나요?"라고 물으면 훨씬 이해가 쉽다.

예를 들어 "그 국제문제의 꼬인 상황이 연애할 때의 질투와 비슷하지 않나요?" 하고 물어보면 "맞네요. 비슷한 거 같아요"라는 대답이 돌아올 수도 있다. 혹은 전혀 비슷하지 않다며 전면적으로 부정당할 수도 있다. 어떻게 될지 모르지만 일단은 나의 지식과 관심의 수준으로 한번 낮춰주면 어려운 이야기가 점차 더 어려워지는 상황은 피할 수 있을 것이다.

아주 오래전에 내가 출연한 프로그램에서 핼리 혜성을 다룬 적이 있다. 게스트로 행성과학자 마쓰이 다카후미 씨가 참석했는데, 본방송 전의 미팅에서 간단히 주제에 대해 설명해주었다. 여러 설명을 해주고는 스튜디오로 이동하기 전에 "혹시 질문 있으신가요?" 하고 묻기에 나도 모르게 "저, 그런데 혜성이 뭔가요?"라고 질문했다. 그러자 마쓰이 씨는 살짝 놀란 표정으로 "하하, 거기서부터 말씀드려야 하는군요. 잘 알겠습니다"라고 했다.

그러고는 본방송에서 정말 알기 쉽게, 천천히 상세하게, 또 재미있게 설명해주었다. 그 내용은 이미 거의 잊어버렸지만, 정말로 머리가 좋은 사람은 듣는 사람의 이해력 수준을 미리 파악하고 거기에 맞춰 아주 쉬운 말로 이야기하는

구나 하고 감탄했던 기억이 난다.

반대로 무조건 어려운 말만 사용하면서 독단적으로 이야기하려는 사람은 사실은 그리 많이 알지 못하는 것일지도 모른다는 의심도 싹텄다.

어디까지 이해했는지 서로 확인하자
_ 사이토

정말 머리가 좋은 분이다. 상대방이 어디까지 이해했는지 서로 확인하면서 이야기를 진행하는 것이 대화의 기본이다. 어려운 이야기를 할 때 알아들었다는 듯이 고개를 끄덕이고만 있으면 의미 없는 대화로 흘러간다. 어디까지 이해했는지 공유하면서 대화를 진행하는 것이 이상적이다.

《논어》에 '아는 것을 안다고 하고, 모르는 것을 모른다고 하는 것이 곧 아는 것이다'라는 말이 있다. 대화에서도 마찬가지로 어디까지 알았는지 확인하며 이야기하는 것이 중요하다.

⑥ 상대방의 품에 들어가면
대화도 두렵지 않아

무서운 사람의 옆자리에 앉기,
싫어하는 사람에게 말 걸기
_아가와

방송 일을 시작한 지 얼마 되지 않았을 무렵, 나는 프로그램의 메인 캐스터가 너무 무섭게 느껴졌다. 내가 아는 것이 없어서기도 했지만, 실제로 프로그램 내에서 아무런 도움이 되지 못했기에 메인 캐스터가 내심 짜증스러워하는 것을 알고 있었다. 취재를 하고 보고를 하면 "그 정도 내용을 취재했다고 할 수 있나? 애도 아니고 말이야"라며 혼이 났다. 일기예보를 담당했는데 태풍의 진로에 대해 너무 쉽게 이야기해버리면 "태풍 진로를 아직 모른다고? 그걸로 끝이야? 데이터를 제대로 모아. 그때까지 이 방에 돌아올 생각하지 말고!"라며 스태프실에서 쫓겨난 적도 있다.

그런 나날들이었으니 나는 가급적 그분과 눈을 마주치지 않도록 애쓰고, 다가가지 않으려고 했다. 가까이할 수 없는 신적인 존재라 생각한 것이다.

그런데 어느 날 함께 방송하던 아나운서가 내게 말했다.

"내일부터는 프로그램이 끝난 후 반성회에서 반드시 메인 캐스터 옆자리에 앉으세요."

나는 무서워서 싫다고 저항했지만 "아무 말도 안 해도 되니 일단 거기 앉아요. 그냥 앉아서 그분이 하는 말씀만 들으면 되니까"라는 답변이 돌아왔다. 어쩔 수 없이 그날부터 매일 밤 본방송이 끝나면 반성회에서 메인 캐스터 옆자리를 차지하게 되었다. 어찌나 긴장했던지.

그런데 하루하루 지나면서 변화가 생겼다. 반성회 시간에는 가벼운 마음으로 같이 맥주를 마시거나, 전원이 반성할 점을 돌아보며 새로운 기획을 이야기하거나, 옛날 이야기로 꽃을 피우곤 했다. 그런데 술이 들어간 탓인지 평소 엄격하던 캐스터 분도 잘 웃고, 옆에 앉은 내게 "자네도 점점 프로그램에 익숙해지고 있더라고. 다음에 이런 기획을 한 번 해보면 어때?", "배가 고프네. 같이 우동이라도 먹으러 갈까?"라며 친척 아저씨처럼 친절하게 챙겨주는 것이었다.

나중에 아나운서가 내게 말했다.

"내 말 듣기를 잘했죠? 누구든지 자기 사람이다 싶으면

귀엽게 보는 법이에요. 그분을 무섭다고 피하기만 하면 당연히 알아차리죠. 좋은 마음이 생기겠어요? 가만히 옆자리에만 앉아 있어도 인간관계는 원만해진다니까요."

쌍둥이 형제인 오스기와 피코의 피코 씨도 같은 경험을 한 적이 있다고 들었다. 방송에서 활약하기 전 피코 씨는 패션 관련 회사에 근무했는데, 그곳에 마음이 맞지 않는 상사가 있었다고 한다. 계속 차가운 관계가 이어지던 어느 날 피코 씨는 깨달은 바가 있어서 매일 아침 출근하면 가장 먼저 그 상사의 곁으로 가서 "좋은 아침입니다!" 하고 인사를 하기로 했다. 처음에는 어색했지만 매일 아침 이어갔다. 그러자 얼마 되지 않아 무뚝뚝하기만 하던 상사의 얼굴이 부드러워지더니 피코 씨를 상냥하게 대했다고 한다.

내가 상대를 싫어하거나 어렵게 여기는 마음은 숨기려고 해도 분명히 전달된다. 그 관계를 회복하려면 먼저 다가가는 것이 중요하다. 용기가 필요한 일이지만.

품에 들어가버리면 이야기하기 쉬워져
_ 사이토

그야말로 '품에 들어갔다'고 할 수 있겠다. 상대방의 품에 들어가면 오히려 위험이 사라진다. 나는 무도를 익혔는데 이를테면 복싱 등에서도 상대방에게 딱 얻어맞기 쉬운

거리가 있다. 일반적으로 생각하면 상대방에게 더 가까이 다가가기를 두려워하지만 상대의 안쪽으로 들어가버리면 오히려 덜 얻어맞는다.

회식 자리에서도 평소 무섭다고 생각하던 사람 옆에 앉아보자. 만능 엔터테이너 비토 다케시 씨와 방송을 함께하며 제자를 키우는 일에 관해 잡담을 나눈 적이 있다. 그는 제자로 받아달라는 사람을 대체로 거절했다고 한다. 그런데 어느 날 보니 드물게 제자가 되는 사람은 처음부터 잘 아는 사람처럼 다케시 씨 옆에서 함께 술을 마시고 이야기를 나누던 이였단다. "넌 도대체 누구기에 나를 졸졸 따라다니냐?"라고 묻지만, 결국 제자로 뽑게 되더라는 말이었다. 이 역시 상대방의 품에 들어갔다고 볼 만한 재미있는 이야기다.

설령 어렵고 불편한 상대라도 반드시 대화를 해야 하거나 만나야만 할 때가 있다. 일을 하다 보면 자주 맞닥뜨리는 상황이다. 상당한 스트레스일 수도 있지만, 과감하게 그 사람이 좋아하는 이야깃거리를 가지고 품으로 들어가보면 어떨까?

남들이 불편하게 여기는 사람에게는 가까이 다가오는 사람도 별로 없었을 것이다. 그러니 먼저 다가가면 편하게 대해줄지도 모른다.

도식화하면서 대화하면 깊이 이해할 수 있어
_ 사이토

대화 중에 메모를 하는 손에만 집중하면서 말하거나, 자료에서 눈을 떼지 않고 질문하는 사람이 있다. 상대와 시선을 맞추는 것이 불편한 까닭이겠지만, 가끔은 고개를 들어 상대방의 얼굴을 바라보자. 안 그러면 이야기할 맛이 나지 않는다.

물론 메모하거나 자료를 보는 일 자체가 나쁜 것은 아니다. 자료의 요점이 되는 부분에 볼펜으로 동그라미를 그려 두면 거기에 중점을 두며 이야기할 수 있다.

또 메모는 상대방의 발언을 글로 남길 뿐만 아니라, 다음에 물어봐야 할 것을 잊지 않기 위한 유용한 방법이기도 하다. 상대방의 이야기가 길어지면 질문 사항을 잊어버릴 때도 있기 때문이다. 이를 대비해 짧은 메모를 하는 것은 중요하다. 대화의 문맥을 파악하는 의미에서도 효과적이다.

나는 대화 중에 메모를 적극적으로 활용한다. 예를 들어 편집자와 책의 기획에 대해 미팅할 때면 백지를 스무 장 정도 준비하여, 이야기를 나누면서 바로 그 내용을 간단히 메모하거나 도식화한다. 미팅이 끝나면 그 메모를 건네기도 한다. 기획서를 작성할 때 도움이 되라는 뜻에서다.

이야기를 하면서 도식화하는 작업은 누구든 할 수 있다고 생각했지만, 꼭 그렇지도 않음을 깨달았다. 사회인을 대상으로 한 장의 종이에 두 사람이 도식을 그리면서 대화하는 과제를 준 적이 있는데 꽤 어려워했다. 사람들은 대부분 말을 할 때면 손이 멈추고, 손을 움직일 때는 말이 멈춘다. 그제야 이것이 어려운 일임을 새삼 깨달았다. 나는 중학교 때부터 친구와 표를 그리면서 이야기했다. 도식화하거나 키워드를 적으면서 의견을 나누어왔기에 그리 어렵지 않았던 것이다.

도식화는 키워드를 적고 거기서 연상되거나 파생되는 것을 화살표로 표시하고, A·B라는 카테고리로 나누어 요점을 정리하며 등장인물의 상관관계를 그려보는 등 다양한 방법으로 가능하다. 그런 방법을 사용해 도식화하면서 이야기를 나누면 어려운 주제 혹은 하나로 집중되기 어려운 대화라도 참가자들의 머릿속에 남기 쉽다. 무엇보다도 참가자가 같은 이야기를 반복하는 일이 줄어든다. 종이에 그려가면서 이야기하니 이해도 더 잘 되고, 생산적인 대화가 진행된다.

표와 그림을 그리며 이야기하는 구체적인 예를 들어보겠다. 내가 학생들에게 도스토옙스키의 《카라마조프가의 형제들》을 읽고 그룹을 지어 이야기를 나눈 후 종이 한 장으로 정리해 발표하도록 한 적이 있다. 실제로 읽어본 분들은 아시겠지만, 그 소설은 양도 방대하고 등장인물과 스토리가 복잡해서 종이 한 장에 정리하기란 쉽지 않다. 하지만 등장인물의 이름이나 관련된 주제 등에 대해서만 잘 정리하면 내용을 간략하게 요약할 수 있다.

⑧ 대화하는 듯한
사고력을 기르기

두 가지 카테고리로 나누어 논의하다
_사이토

더 의미 있는 대화를 하려면 나름의 연습이 필요하다. 이미 말했듯이 그림과 표, 키워드 등을 종이에 적으면서 대화하는 것도 한 가지 연습 방법이다. 또한 하나의 주제를 두고 그와 연관되는 것을 A, B라는 두 개의 카테고리로 나누어 논하는 것도 대화의 연습이 된다.

예를 들면 '회화와 대화는 무엇이 다른가?'라는 주제가 있다고 해보자. A를 회화, B를 대화로 두고 각각에 속하는 요소를 적어본다. 회화라면 '시간축에 따라 횡적으로 흘러가는 것', 대화라면 '변증법처럼 세로로 깊어지는 것'이라는 식이다. 단순한 이야기, A와 B에 들어가는 요소를 대비시키면서 종이에 써보기만 해도 일종의 대화가 된다.

이것은 A와 B를 대비시키며 생각하는 사고법의 일종인데, 이때 중요한 것은 너무 동떨어진 것을 A와 B로 나누면 연습이 안된다는 점이다. '회화'와 '대화' 혹은 '사랑'과 '연애'처럼 비슷하면서도 다른 것을 대비시키는 것이 핵심이다. 너무 동떨어지거나 애초에 다른 것은 대비나 비교의 대상으로 적합하지 않다.

초등학교 때 '어느 걸 좋아해?'라는 주제에 '산'과 '바다'로 나누어 친구들과 토론했을 때 이런 이분법의 재미를 알았다. 요소가 서로 대항하는 두 가지 카테고리여서 다양한 의견이 나오고 활발한 토론이 이어졌던 기억이 난다.

이때 토론을 더 재미있게 만든 것은 바로 우리의 의견 하나하나를 칠판에 적어주신 선생님이다. 칠판에 적으니 다른 친구와 같은 의견을 말하지 않으려고 필사적으로 머리를 쥐어짰다.

모두의 눈에 보이는 형태가 되니 대화는 더욱 활발해지고 심화되었다. 그런 의미에서 회의실이나 미팅룸에 있는 화이트보드를 더 많이 활용하면 좋겠다.

⑨ 온라인 시대의 대화

원격 대화로는
말할 타이밍이나 분위기를 파악하기 힘들어
_ 아가와

코로나19로 원격 대화의 기회가 늘었다. 나도 몇 차례 원격으로 대담을 진행했는데 장단점이 있다.

장점은 지금껏 멀리 사는 사람과는 일정 조정이 어려워서 대담을 실현하기까지 시간이 걸렸는데, 원격으로는 순식간에 가능했다는 점이다. 뉴욕에 있는 분과 대담할 때도 마치 옆집 사람과 대화하는 것처럼 부담 없이 가능하다는 사실을 깨달았다.

다만 직접 대면하고 이야기할 때와 같은 친밀한 관계를 만들기가 어렵다는 단점은 있다. 더러 음성이 끊기거나 시차 때문에 마치 외국인 게스트와 통역을 끼고 대화할 때처럼 사소한 불편이 뒤따른다. 특히 내 경우에는 상대방이 이야기하는 도중에 "우와", "그런 일이 있었군요" 하고 추임새를 많이 넣는데, 화면을 통한 대화에서는 추임새를 넣기가 어렵다. 그리고 화면에 얼굴이 나오기는 해도 상대방의 세밀한 표정 변화나 몸짓, 심정을 파악하는 것도 원격으로는 쉬운 일이 아니다.

같은 실내에서 가까운 거리에 앉아 눈을 보며 이야기하는 것이 얼마나 서로의 마음을 살필 수 있는 기회인지를 새삼 느끼는 계기였다.

앞으로 이런 원격 대화가 코로나19와 관계없이 어떻게 진전될지 모르지만, '요점과 결론이 중요한' 사무적인 대화에서는 꽤 유용할 것 같다. 반대로 표정을 살피거나 편안하게 수다를 떨고 싶을 때는 역시 서로 대면하여 이야기를 나누게 되지 않을까 싶다.

보디랭귀지에 익숙하지 않은 문화

_사이토

원격으로 대화를 하면 분위기를 파악하기 힘든 것이 사실이다. 코로나19 때문에 온라인 수업을 해야 했을 때 조금 힘들었다. 내 수업은 학생과의 대화를 중시하는데 온라인으로는 아무래도 대화를 주고받는 빈도가 줄어든다. 게다가 처음에는 줌 화면에 학생의 얼굴이 나오지 않아서 새까만 어둠에 대고 이야기하는 듯한 불안감도 느꼈다. 곧 얼굴이 나오도록 설정이 가능해져 얼마나 다행이었는지 모른다.

그래도 얼굴만 나와서는 생생함이 덜했다. 그래서 이야기가 재미있을 때는 손을 두드리거나, 괜찮을 때는 손으로 동그라미를 만들고, 놀랐을 때는 손을 크게 펼치는 등 그때그때 화면상으로 신체적인 리액션을 하도록 했다. 그러자 서서히 온라인 수업에서도 실제로 대화하는 듯한 현실감이 생겼다.

원격으로는 분위기가 전달되기 어려우니 보디랭귀지 등의 신체적 커뮤니케이션을 사용해 보완해야 한다. 하지만 그것도 평소에 익숙하지 않으면 어렵다. 안 하던 손짓이 바로 나오지는 않는다.

이탈리아인은 대화할 때 손을 상당히 많이 사용한다. 〈해바라기〉라는 명화가 있는데 주인공 소피아 로렌이 이야기할 때의 손동작이 매우 인상적이다. 마치 손으로 대화하는 느낌이다.

우리는 그렇게 보디랭귀지를 쓰는 경우가 드문데, 원격의 경우 대면으로 이야기할 때보다 몸짓과 표정을 통해 전달되는 정보량이 적으니 손동작을 가미하면 대화가 수월해진다.

우리가 이야기할 때 손을 많이 움직이지 않는 것은 예의를 따지는 문화 때문이다. 다른 사람과 말할 때는 앉은 상태에서 손을 무릎 위에 올린다, 선 자세에서는 손을 옆구리 쪽으로 편안히 내려두며, 손을 이리저리 움직이지 않는 것이 예의라고 배웠다.

무도인 사회에서는 남들 앞에서 기침이나 하품을 하는 것도 소란스럽고 좋지 않다고 여긴다. 무사도에 대해 적은 《하가쿠레》(일본의 전국시대 직후 에도 막부 초기에 저술된 사무라이의 지침서)에도 기침이 나오려고 할 때 멈추는 방법이 씌어 있을 정도다. 그런 생리적인 부분까지 되도록 억제하는 것이 예의라고 여긴 것이다. 몸을 움직이는 것에 대해 아가와 씨는 어떻게 생각하는가?

온몸을 이용해 말하면 마음이 전달된다
_아가와

사이토 선생의 말씀처럼 옛날 사람들은 이야기를 하면서 몸을 움직이지 않았다. 말을 할 때뿐만 아니라 노래를 부를 때도 가만히 서서 부르는 것이 낫다고 여긴 시절이 있었다. 가수 쇼지 타로 씨가 좋은 예다. 그런데 언제부터인가 노래할 때 몸을 움직이지 않는 가수가 사라졌다. 움직이는 정도가 아니라 춤을 추거나 관객을 손으로 가리키며 노래한다.

예전에 배우 이시이 요시코 씨가 주최하는 샹송 콘서트에서 노래를 하게 된 적이 있다. 긴장한 채 연습하고 있는 걸 본 그녀가 "마지막에는 관객을 향해 이렇게 두 손을 크게 벌려요! 마음을 전달하지 않으면 안 돼!"라며 주의를 주었다. 그런 식으로 노래한 적이 없어서 쑥스러웠지만, 실제로 무대에서 마지막 부분을 노래하며 그렇게 손을 벌리자 왠지 모르게 기분이 좋았다.

이야기를 할 때도 그럴지 모른다. 사이토 선생이 평소 말씀하시듯 입으로 말을 내뱉을 뿐만 아니라 몸 전체로 말을 발산해보는 느낌이랄까. 손과 발! 발까지는 움직이지 못하나? 어쨌든 동작을 가미하면 더욱 마음을 잘 전달할 수 있을 것 같다.

⑩ 문자 메시지를 통한 대화에서
　　주의할 점

메신저 앱으로 대화할 때 주의하자
_아가와

문자 메시지와 메신저 앱이 발달하고 이용하는 사람이 늘어나면 나중에는 얼굴을 마주하고 대화할 일은 거의 없어지지 않을까?

나처럼 아날로그 감성을 가진 인간에게는 살짝 힘든 시대가 온 듯해 불안하다. 얼굴을 보며 대화하는 것과 문자를 주고받는 대화는 말을 선택하고 받아들이는 방식이 전혀 다르다고 생각하기 때문이다.

예를 들어 상대가 친한 친구라고 해도 메신저 앱으로 대화할 때 '어제 왜 그 친구한테 그런 이야기를 했어?'라는 메시지가 오면 어떨까? 깜짝 놀랄 수 있다. 내가 혹시 큰 실수를 했나 싶어 고민에 휩싸일지도 모른다. 대면하고 그 말을 들었다면 목소리의 톤이나 표정을 살필 수 있으니 상대방의 진의를 파악할 수 있었을 것이다. 그런데 이 메시지만으로는 웃으면서 하는 말인지, 정말로 화가 난 것인지 판단이 어렵다.

같은 메시지라도 편지로 그런 이야기를 전달할 때는 정성껏 설명을 덧붙일 테니, 만약 내용에 화가 담겨 있으면 받았을 때 의도를 파악할 수 있다. 화가 나지 않았다면 이런 식의 어중간한 글을 편지로 보내지는 않을 것이다.

문자 메시지나 메신저 앱은 편지처럼 형식을 갖추지 않고도 그냥 회화하듯이 가볍게 이야기를 주고받는다는 점에서 편하다. 그렇기에 오해가 생기기도 쉽지만 말이다.

'너 진짜 바보야?'

이런 메시지가 오면 울컥하지만, 눈앞에서 웃으면서 '너 진짜 바보구나'라고 말한다면 '너 지금 뭐라고 했어?' 하고 웃으면서 반격할 수 있다.

물론 얼굴을 마주하고 대화할 때도 지역마다 받아들이는 방식이 다르니 주의해야 한다. '멍청이', '바보'라는 말을 듣고도 어디는 장난으로 여기고 어디는 진심으로 받아들이기도 하니 말이다.

어쨌거나 인터넷상의 대화에서 그런 오해를 피하고자 이모티콘이 생긴 것이라 들었다. '너 진짜 바보야?'라는 말

뒤에 웃는 이모티콘이 있으면 농담이라는 표시로, '두 번 다시 지각하지 마세요!'라는 말 뒤에 하트가 붙어 있으면 애정이 담긴 잔소리로 받아들일 수 있다.

그런데 요즘 젊은이들은 이모티콘도 사용하지 않는다고 들었다. 이모티콘은 아저씨들 취향이라서 젊은이를 상대로 쓰면 '구식'이라며 싫어한단다. 젊은 사람들은 어떤 방법으로 문자 메시지나 메신저 앱에서 생기는 오해를 피하는 것일까?

나는 문자 메시지나 메신저 앱으로 대화를 주고받다가도 서로 기분이 상한 것 같으면 곧장 전화를 건다. 직접 이야기를 하는 편이 훨씬 진심을 전달하기 쉽다고 생각하는데, 요즘 사람들은 전화하고 싶어 하지도 않는다고 들었다.

문자 메시지도 메신저 앱도 대화는 아니야
_사이토

글로 주고받는 대화는 살짝 번거로운 구석이 있다. 비즈니스 현장에서는 이미 모든 이야기를 메일로 주고받는다. 메일에는 나름의 이점이 있다. 무엇보다도 문자 데이터가 남으니 서로 간에 오간 의견의 증거가 되어 갈등이 줄어든다. 그런 의미에서 비즈니스 현장에서는 메일이 상당히 효과적이다. 메신저 앱은 문서를 주고받는 도구보다는 일상 회화를 나누거나 수다를 떠는 공간이다.

어찌 되었든 둘 다 내가 대화라고 생각하는 것과는 다르다. 대화란 주로 실제 대면 상황에서 이루어지는 것으로 서로 논의를 통해 사고를 심화하고, '깨달음'을 얻어야 한다. 그런 의미에서 대화에는 지적인 기쁨이 뒤따른다.

⑪ 대화력 향상에 도움이 되는 책과 예능

버디물을 참고하여 대화를 생각하다
_ 사이토

드라마로도 나온 코넌 도일의 〈셜록 홈즈〉 시리즈는 대화에 대한 이해를 돕기에 적절한 참고서다. 이 시리즈에서는 홈즈와 왓슨의 대화를 축으로 스토리가 전개되는데, 대화라는 관점에서 볼 때 매우 참고할 만하다.

기본적으로는 왓슨의 발언을 바탕으로 홈즈가 그에 반론하거나 자신의 의견을 덧붙이면서 문제를 해결하는 구성이다. 결과적으로 왓슨은 자신이 한 말을 부정당하는데, 대화를 하며 무언가를 해결한다는 의미에서는 좋은 역할을 맡은 셈이다. 두 사람이 나누는 말은 대화의 콤비네이션을 생각하는 데도 도움이 된다.

또 하나를 꼽자면, 세르반테스의 《돈키호테》가 있다. 제목은 알지만 실제로 읽어본 사람은 그리 많지 않을 텐데, 이 이야기도 대화의 분위기를 살리는 관점에서 보면 실로 재미있다.

종자인 산초 판사가 주인인 돈키호테의 말을 적절히 부정하거나 긍정하는 역할을 하며 분위기를 띄운다. 고전 예능이라고 할 만한 산초 판사의 화법이 볼 만하다. 두 사람은 여행을 하면서 줄곧 대화를 나눈다.

《셜록 홈즈》든 《돈키호테》든 모두 '버디물'의 일종이라 할 수 있다. 버디란 '동료', '짝' 등을 의미하는데 2인 1조의 주인공이 활약하는 영화나 드라마를 버디물이라고 부른다. 이런 버디물은 대화에 대해 생각할 때 도움이 될 만한 요소가 많다.

그런 의미에서는 아가와 씨와 단 후미 씨의 에세이 《그렇게 말하면 이렇게 먹지》나 《그렇게 말하면 이렇게 가지》도 절묘한 버디라고 할 수 있겠다. 잘 아는 사람끼리의 대화인데 둘을 직접 알지 못하는 사람이 읽어도 재미있어서 대화를 위한 좋은 공부가 된다.

대화에서 써보고 싶은 만담식 화법

_ 아가와

칭찬해주셔서 감사하다.

나는 만담을 추천한다. 만담은 혼자서도 할 수 있는데, 한 사람이 동네 시장의 생선가게 주인, 채소가게 주인, 세탁소 주인, 젊은 여성 등 여러 등장인물을 맡으면 된다. 만담에 나오는 말은 요즘 젊은이들로서는 낯설 수도 있는데, 말의 캐치볼과 목소리의 높낮이, 속도와 리듬, 회화와 회화 사이의 여백 등 배울 만한 것이 가득하다. 일상생활에서도 활용해보고 싶다.

내 아버지는 기본적으로 짜증이 많은 분이어서 집에서 화를 낼 때가 많았다. 그런데도 만담은 좋아해 딸인 내게도 '시시한 소설을 읽을 시간이 있으면 만담이나 봐라. 언어를 공부하는 데도 도움이 된다'고 늘 말할 정도였다.

술고래인 남편이 집에 돌아오자마자 아내에게 술을 따르라고 명하는 만담이 있다.

"술, 술 따라봐."

"이미 많이 드신 것 같으니 이쯤에서 그만 하세요."

"입 닥쳐. 따르라면 따를 것이지 무슨 말이 많아!"

"어쩔 수 없네요."

"뭐 안주 할 만한 건 없어?"

"안주요? 그런 거 없어요."

"어제 가지 무침 만든 거 그건 어디 있어?"

"다 먹었지요."

"그럼 곤약은?"

"그것도 다 먹었지요."

"뭐든 다 먹어치우는구만. 말도 참 좀 더 품위 있게 할 수 없어? 자, 전병은 없나?"

"품위 있게 먹었습니다."

이런 식의 대화를 하는 동안 결국 남편은 화가 났지만, 마음속으로는 이렇게 좋은 아내가 없다고 생각하며 감사히 여긴다. 혼잣말로 그렇게 감사하는 것을 아내가 듣게 된다는 이야기인데, 반전이라고 할 수 있겠다.

이것은 우리 집에서 자주 인용되었다. "뭐 달콤한 거 좀 없니?" 하고 아버지가 물으면 어머니와 나는 일제히 "먹었지요"라고 답하는 것이었다.

"뭐 비스킷 같은 건 남아 있겠지?"

"그것도 다 먹었습니다."

또 하나. 한 부잣집 주인이 자신이 배우던 가극을 선보이고 싶어 사람들을 부른다. 잘하지도 못하는 노래를 듣고 싶지 않아서 모두 핑계를 대고 참석하지 않는다. '애가 열이 나서', '일이 아직 안 끝나서'라는 이유를 대면서 말이다. 그러다가 딱 한 사람만이 남았다. 그는 돌아가지도 못하고 "알았습니다. 듣기만 하면 되지요? 듣기만. 들었다고 죽지는 않는 거죠? 그럼 빨리 시작하세요. 어서!"라고 말한다.

학창시절에 시험 기간이라 1분이라도 더 빨리 내 방에 들어가서 공부해야 하는 상황에서도 아버지는 나를 앉혀 두고 이거 해라, 저거 해라 하면서 심부름을 시켰다. 결국 나는 아버지께 이렇게 말한다.

"알았어요. 하면 되잖아요, 하면. 한다고 죽지는 않으니까. 자 계속 시키세요. 어서요!"

반항하고 싶은 마음에 발산한 것인데 이런 표현을 쓰니 아버지는 기분 나빠하시기는커녕 잘한다며 분위기를 맞춰주었다.

만담의 대사를 대화에 이용해보면 웃음꽃을 피우는 데 도움이 된다.

확실한 관계성을 구축해두기

_ 아가와

요즘 회사에서 상사들이 입을 다물고 있다고 들었다. 기분이 나쁜 것도 아니고, 위엄을 떠는 것도 아니지만 부하직원, 특히 여직원에게 말을 걸기 어렵다고 한다.

왜 그런지 물어보았다.

"그야 무슨 말을 해도 성희롱이라고 할 것 같아서 무서워요"

칭찬할 요량으로 말을 걸어도 "그거 지금 성희롱인 거 모르세요?"라는 말이 나올 수 있어서 걱정이란다. 그래서 입을 다물고 있다는 거였다.

물론 정말로 악질스러운 성희롱이나 갑질을 하는 사람

도 있으니, 거기에 대항할 수 있는 시대가 된 것은 감사할 일이다. 그런데 너무 민감하게 받아들이면 말의 커뮤니케이션이 점점 빈곤해질 우려가 있다.

얼마 전에도 내가 10센티미터 정도 머리를 자르고(내 의지로 잘랐다) 출근하면서 '많이 잘랐네요', '이미지가 완전히 달라요'라는 말을 들을 것으로 예상했지만 아무도 입을 열지 않았다. 특히 남성들은 모두 조용했다. 여성들은 하나같이 "아가와 씨 큰마음 먹고 잘랐나 봐요"라고 이야기하는데, 남성들은 그야말로 아무것도 보이지 않는 사람처럼 굴었다.

"역시 남자들은 여자가 머리를 잘라도 못 알아보나 봐."

이렇게 푸념하자 즉시 표정을 바꾼 한 남자 직원이 "아니에요. 알아차리지만 말을 못 하는 겁니다. 머리를 잘랐냐고 물으면 바로 성희롱 이야기가 나올 거잖아요"라고 하는 것이 아닌가.

머리를 잘랐냐고 묻는 정도로 성희롱을 운운하지는 않는다고 대답했지만, 누가 어떻게 말하느냐에 따라 받아들이는 느낌이 다를 수 있겠다 싶었다.

결국 말하는 사람과 듣는 사람 사이에 제대로 된 신뢰 관계가 형성되어 있으면 다소 거친 발언을 해도 넘어갈 수 있지 않나 싶다.

더러 "인터뷰할 때 상대방이 싫어하는 질문은 어떻게 하세요?" 하고 묻는 사람이 있다. 되도록이면 상대방이 싫어하는 질문은 하지 않으려고 하지만, 상황에 따라서는 꼭 해야 할 때도 있다. 그럴 때면 질문하기 전에 미리 '나는 당신의 적이 아니라, 아군이다'라는 뜻이 전달되도록 잠시 시간을 들여 관계를 구축하려고 한다. 얼마간 대화를 하다 보면 내가 적의를 가진 것이 아님을 알아준다. 초면이라도, 처음에는 경계심이 있어도, 점차 나를 알아주도록 이야기를 이어간다. 꼭 물어야 하는 질문이라면 말을 잘 골라서 질문하려고 한다.

예를 들면 이런 식이다.

"주간지에 실린 스캔들의 진상에 대해 말씀해주세요."

사실은 이런 이야기를 묻고 싶지만, 그러면 너무 기분이 상하지 않을까 싶은 생각이 든다. 그래서 "이런 질문이 조금 불편하실 수도 있는데, 얼마 전 주간지 건이요. 찍혔을 때는 많이 놀라셨지요?" 혹은 "그 건에 대해서는 너무 많이 물어봐서 더 이상 말씀하시기 싫으실 듯한데요, 조금만 여쭤봐도 될까요?" 하고 가급적 상대방이 예민하게 반응하지 않도록 배려하며 밝게 물어본다.

하지만 사전에 진지한 자세로 대화를 나눈 후라면 갑자기 화를 내며 나가버리는 일은 대체로 벌어지지 않는다. 결국 성의와 진심을 다하는 수밖에 없다.

성희롱뿐만 아니라 갑질 역시 평소 상사와 부하직원의

관계가 신뢰로 형성되어 있고 서로를 믿는다면, 그리 큰 문제가 되지 않을 것 같은데, 어떤가? 뭔가 한마디 할 때마다 '고소당할지 모른다는 두려움'에 떨어야 하는 사회라니, 너무 슬프다.

편하게 질문하기 어려운 시대
_ 사이토

관계성이 중요하다는 말에는 공감한다. 요즘 갑질이 문제되면서 프라이버시나 개인정보 문제와 엮이니 질문 하나도 쉽게 하지 못하는 시대가 되었다. "결혼했어?", "아이는 있어요?"와 같은 질문만으로도 문제가 될 수 있다. 도대체 어떤 것을 물어보면 괜찮을지 불안하다.

그 사람의 생활상황이나 용모 등에 관계된 이야기가 아닌 좋아하는 음식, 모두에게 공개한 취미에 대해서는 물어봐도 될 듯하다.

아가와 씨와 이야기를 하다 보니 마음이 편해져서 NG를 신경 쓰지 않고 말하게 된다. 이렇게 안심하면 이야기에 집중하고 깊이 있는 대화를 나눌 수 있다. 편안하게 대화를 나눌 수 있는 관계성을 구축하는 능력이 대화력의 기초라 하겠다.

Chapter 3 요약

● 여러 갈래로 뻗어가는 대화를 원래의 몸통으로 되돌리는 '문맥력'

● 복선을 생각하며 책과 드라마를 보면 '문맥력'이 길러져

● 말을 잘 못해도 웃음을 통해 대화의 분위기를 고조시킬 수 있어

● 윗사람이나 연장자, 대가와 장인에게도 마음껏 칭찬하라

● 상대방을 칭찬할 때는 그가 에너지를 쏟은 부분을 칭찬해야

● 모른다는 사실을 감추지 말고 질문자 역할을 하자

● 메모 활용과 도식화를 통해 대화는 더욱 깊이 있어진다

● 온라인상의 대화는 표정이나 몸짓으로 보완하라

● 버디물이나 만담식 대화를 참고하라

● 확실한 관계성을 구축해두면 갑질을 막을 수 있어

나오며 |

마음이 춤추는 대화가 가져다주는 것

이 책을 쓰기 위해 여러 차례 사이토 선생과 대화를 나누었다. 나는 지금껏 '대화'와 '회화'의 차이에 대해 거의 생각해본 적이 없었는데, 선생의 말씀을 듣고 대화란 무엇인지 깨닫게 되었다.

사이토 선생과는 과거에도 몇 번 만난 적이 있어 친근하게 느꼈는데, 오랜만에 만나서 이야기를 나누니 정말 반가웠다.

"선생님, 정말 오랜만이에요. 잘 지내셨어요?"

손을 흔들면서 끌어안기라도 할 기세로 인사를 했다(내 마음속으로). 대담 장소에 도착해보니 선생이 온화한 미소를 띤 채 차분히 앉아 있었다. 그야 당연히 나처럼 날뛰지는 않을 것이라고 생각했다. 자리에 앉아 대화를 시작해도 목소리 톤은 달라지지 않고 분위기도 무척 좋았다. 이런 느낌과 분위기를 언제 느껴보았을까 하고 생각하다 떠올렸다.

초등학교 시절 나는 담임 선생님을 무척 좋아해서 쉬는 시간이나 급식을 먹을 때, 방과 후에도 틈만 나면 선생님 곁에서 시간 보내기를 좋아했다.

그런 나를 선생님은 "무슨 일이니?", "저기 있는 서류 좀 가져다 주겠니?" 하고 상대해주는 것 같기도 하고 아닌 것 같은 느낌으로 대했다. 물론 무시하지는 않았다. 쫓아내지도 않았고 담담히 자신의 일에 열중하고 가끔 나와 다른 친구들이 하는 이야기를 듣고는 웃음을 보였다. 꼭 얼굴을 보며 말씀하지 않아도 선생님이 우리의 존재를 인정하고 있다는 걸 잘 알 수 있었고 안심이 되었다.

사이토 선생과 이야기를 하다 보면 그 시절의 안도감이 떠오른다. 물론 나는 사이토 선생의 곁에서 종알거리며 시간을 보내는 것이 아니라, 얼굴을 마주하고 대화하고 있지만 말이다. 가끔 내 이야기가 생각지도 못한 방향으로 가거나, 너무 길어질 때가 있었다. 그럴 때도 사이토 선생은 따뜻한 표정으로 조용히 고개를 끄덕이며 내 이야기를 들어주었다. 그리고 이야기가 끝날 때쯤이면 "그거 좋은데요" 하고 우선은 내 의견에 동조해주었다. 그다음이 대단한데, 마치 내 이야기가 단서가 된 듯이 정확하고 적절하면서도 깊이 있는 고찰을 보여주었다. 플라톤과 소크라테스의 대화는 마치 이런 식이지 않았을까? 홈즈와 왓슨의 대화는 어쩌면 이렇게 리듬감이 있을지도 몰라, 하고 감탄할 따름이었다. 아니, 대화 상대로서 내가 선생의 경지에 도달하지 못하는 것은 잘 알지만, 분명 홈즈와 왓슨, 소크라테스와 플라톤도 대화 후에는 개운한 마음으로 집으로 돌아갔으리라고 상상해본다.

사이토 선생에게서 새로운 지식과 정보를 얻는 기쁨만 있었던 것은 아니다. 내 이야기가 때때로 선생에게 힌트가 되었다고 생각하면 뿌듯한 마음을 금하지 못하겠다. 아주 조금일지 모르지만 말이다. 어쨌든 사이토 선생은 처음부터 끝까지 흥분하지도 않고 미간에 주름을 보이지도 않고 내 이야기에 반응하며 경청해주었다. 그리고 자신의 차례를 느긋하게 기다렸다. 나는 선생의 말씀을 하나라도 놓칠세라 열심히 들으려고 애썼다.

이번 기회에 선생과 나눈 대화는 어떤 식으로 독자의 마음을 자극하게 될까? 재미있었다, 도움이 되었다, 참고로 삼겠다, 위로가 되었다, 그리 도움이 되지 않았다…. 다양한 의견이 나오겠지만, 적어도 사이토 선생과 대화를 나눈 내게 소감을 묻는다면 '즐거웠다'고 답하겠다.

사람들은 나중에 득이 될 만한 대화를 원할 것이다. 어떻게 살아갈 것인가, 어떻게 이 어려움을 극복할 것인가, 어떻게 하면 이 불안을 벗어던질 수 있을까 혹은 어떻게 하면 더 잘 살아갈까…. 이렇게 다양한 생각을 품고 누군가와 대화를 나눈다. 그리고 그 대화에서 귀한 지혜를 찾는다면 성취감에 휩싸일 것이다.

나는 물론 그런 마음도 중요한 요소라고 생각하지만, 무엇을 얻고자 바라기 전에 그 대화 자체가 마음을 춤추게 하고 머리를 회전시키고 이야기 상대에게 전보다 더한 경의의 마음을 품게 된다면 더할 나위 없이 기쁘지 않을까 싶다.

독자 여러분은 어떤 소감을 이야기해도 괜찮다. 다만 책을 읽은 후에 '내일은 친구와 이런 대화를 나눠봐야지' 하고 생각해준다면 충분하다.

내게는 이 책을 만들면서 사이토 선생과 대화를 나눈 것 자체로도 더없이 명예로운 일이다.

출판을 위해 우리 두 사람의 대화를 곁에서 줄곧 즐겁게 들어준 출판사 여러분께 새삼 감사의 인사를 전한다.

아가와